JOAQUIM FALCÃO
O SUPREMO

JOAQUIM FALCÃO
O SUP

REMO

Compreenda o poder, as razões e as consequências das decisões da mais alta Corte do Judiciário no Brasil

EDIÇÕES DE JANEIRO

FGV DIREITO RIO

© 2015 desta edição, Edições de Janeiro
© 2015 Joaquim Falcão

Todos os direitos reservados e protegidos pela Lei nº 9.610, de 19.2.1998.
É proibida a reprodução total ou parcial sem a expressa anuência da Edições de Janeiro e do autor.
Este livro foi revisado segundo o Acordo Ortográfico da Língua Portuguesa de 1990, em vigor no Brasil desde 2009.

EDITORA
Ana Cecilia Impellizieri Martins

COORDENADORA DE PRODUÇÃO
Cristiane de Andrade Reis

ASSISTENTE EDITORIAL
Aline Castilho

REVISÃO DE CONTEÚDO
Adriana Lacombe

PREPARAÇÃO DE ORIGINAIS
Ivana Afonso
Laura Osório
Tânia Rangel
Wania Marques

COPIDESQUE
Kathia Ferreira

REVISÃO
Irene Serra
Laura Folgueira
Thadeu C. Santos

PROJETO GRÁFICO E CAPA
Victor Burton

FOTO DO AUTOR
André Telles

DIAGRAMAÇÃO
Filigrana

COEDIÇÃO
FGV Direito Rio

CIP-BRASIL. CATALOGAÇÃO NA FONTE
SINDICATO NACIONAL DOS EDITORES DE LIVROS, RJ

F163s
Falcão, Joaquim
O Supremo / Joaquim Falcão. - 1. ed. - Rio de Janeiro:
Edições de Janeiro, Fundação Getulio Vargas, 2015.
ISBN 978-85-67854-38-0
1. Brasil. Supremo Tribunal Federal. 2. Direitos fundamentais.
3. Direito constitucional. I. Título.
15-20450   CDU: 34:351.713(81)

EDIÇÕES DE JANEIRO
Rua da Glória 344, sala 103, Glória
20241-180 | Rio de Janeiro, RJ
+55 (21) 3988-0060
contato@edicoesdejaneiro.com.br
www.edicoesdejaneiro.com.br

joao pedro maria isabel joao felipe maria clara joaquim

por hoje e para amanhã

SUMÁRIO

PARA LER ESTE LIVRO 11

1. A ESCOLHA DOS MINISTROS DO SUPREMO 17
   Os novos líderes do Judiciário 19
   O Supremo de lá e o Supremo de cá 22
   Senado aprovou o Ministro do Supremo antes de interrogá-lo 26
   A escolha do Ministro do Supremo 28
   A sociedade quer perguntar 31
   Perda de privacidade é um preço que se paga na carreira pública 34
   Cresce em toda a parte a autoridade da Suprema Corte 37
   O parentesco nos tribunais 39
   Pode um Presidente da OAB ser candidato a Ministro do Supremo? 42
   O Presidente da República passa, mas o Ministro do Supremo fica 45
   Fachin: hora da verdade 47
   Nem notável saber jurídico, nem reputação ilibada 49

2. OS RECENTES PRESIDENTES 53
   O mandato do Presidente 55
   A direção dos tribunais 58
   Sob administração de ministro, Supremo viveu "fogo e paixão" popular 61
   A herança de Ayres Britto 64
   Estratégia no Mensalão e denúncia de racismo marcam atuação de Barbosa 67
   Barbosa contra o marketing da cordialidade racial 69

3. COMO O SUPREMO DECIDE 73
   A consciência do Ministro do Supremo 75
   O Supremo e a mentira 78
   A pauta do Supremo 81
   Empatias e consequencialismos 84
   O Supremo, o governo e o monopólio postal 88
   O Supremo e a Varig 90
   Tempo para decidir dá tom político ao Supremo 92
   O Supremo e a conciliação 94
   Supremo não abre mão do poder que acumulou 97
   A governança do Supremo 99
   É este o Supremo Tribunal Federal que queremos? 102
   Supremo ficou em segundo lugar em transparência 104

4. A INFLUÊNCIA DA MÍDIA E DA OPINIÃO PÚBLICA 107

Quem julga o Supremo? 109
O Supremo em *off* 112
O Judiciário e a opinião pública 116
Privacidade do STF ou liberdade de imprensa 119
O Supremo: um mal-estar 122
Humor e eleição, televisão e religião 125
O Supremo e a opinião pública 128
O peso da vontade popular está no centro do debate no Supremo 133
A força política da ética 135
Que comportamento se deve exigir de um Ministro do Supremo? 138
Apesar dos obstáculos, o encontro do Supremo com a opinião pública veio para ficar 140
O sucesso do Supremo, os problemas do Supremo 142
O Supremo sofre pressão? 145
Barroso abriu uma exceção que não está na Constituição 148

5. COMPETIÇÃO E TENSÃO ENTRE OS PODERES 151

O Supremo e a revisão 153
O Supremo e a greve 156
A demanda do Supremo e a reforma fiscal 159
Justiça unida 162
Senado *versus* Supremo 165
O conflito entre Dilma e o Supremo é normal em uma democracia 168
Congresso muito além dos *royalties* 170
Congresso e Supremo: invasão ou omissão? 172
Impasse entre os estados 174
A corrupção e a improbidade são os crimes do século 177
Decisões fogem da prudência 180
O conselho do Ministro Joaquim Barbosa 182
Em 1964, o Supremo não era supremo 185
Da onipotência do Ministro do STF à onipotência do congressista 189

6. A INUNDAÇÃO DE RECURSOS PROCESSUAIS 193

Os recursos protelatórios e a mão estendida da Justiça 195
A proposta do Ministro Peluso 197
Pimenta Neves e a Proposta de Emenda Constitucional de Peluso 199
Desobedecendo ao Supremo 201
Para ser mais, o Supremo tem que ser menos 204
O Supremo Tribunal de Pequenas Causas 206

O que falta no Supremo **208**
Por que o Supremo não cumpre seus próprios prazos? **211**
O Supremo e a razoável duração do processo **213**
Abuso do direito de recorrer **215**

7. A CONSTITUCIONALIZAÇÃO DA FICHA LIMPA **217**
Ficha limpa, eleição limpa **219**
A luz do sol é o melhor detergente, mas ele apenas começou a funcionar **221**
E agora, José? **223**
No atual emaranhado jurídico-político, o juiz torna-se eleitor final **225**
Ficha Limpa na marca do pênalti **227**
Escolha de artigo da Constituição define voto de ministros **230**
Debate sobre financiamento de campanha é mais complexo **233**

8. A PAUTA DO SUPREMO E A AGENDA DO POVO **235**
O Supremo e o *software* **237**
Há um espaço para mudar a aplicação da Constituição sem ter de emendar seu texto **240**
Em 2004, ministros teriam decidido de forma diferente **242**
A direção sobre como agir foi dada pelos Ministros do Supremo **244**
É cedo para dizer se a decisão do Supremo vai mudar a política de drogas **246**
Escuta ajuda a investigação, mas esbarra no direito à privacidade **248**
O Supremo e a liberdade acadêmica **250**
Supremo, servidores públicos e magistrados **253**
O Supremo e a Comissão Nacional da Verdade **255**
O julgamento do Petrolão será televisionado? **257**
A Lava-Jato e o pêndulo jurídico **260**

9. SUPREMO *VERSUS* CONSELHO NACIONAL DE JUSTIÇA **263**
A meta e o site **265**
CNJ: o curto e o longo prazos **269**
Contrário à criação do CNJ, ministro retoma luta contra o órgão **272**
Decisão do Supremo reforça necessidade de prosseguir com investigações isentas **274**
Transparência dos Poderes é necessidade da democracia **276**
Para que foi criado o Conselho Nacional de Justiça? **278**

ÍNDICE ONOMÁSTICO 283
BIBLIOGRAFIA SUGERIDA 286

PARA LER ESTE LIVRO

Uma vez, um juiz disse: "Quando julgo, sei que serei julgado também." É inevitável. Todo mundo julga todo mundo todo o tempo. De uma maneira mais ou menos refletida, qualquer cidadão pode compreender e julgar aquele que nos julga em última instância e pretende ter a palavra final sobre nossos atos: o Supremo. Seja como consumidor, empresário, contribuinte, eleitor, trabalhador, cidadão, enfim.

Por que o Supremo nos julga? Para quê? Como? Com base em que critérios, normas e valores? Que influências sofre? Do alto desse seu imenso poder, tal qual a Esfinge, o Supremo nos olha, julga e diz: decifra-me ou te devoro.

O Supremo é um mistério perfeitamente compreensível. Vamos tentar decifrá-lo, afinal, esse é o objetivo deste livro. E o leitor, seja um leitor comum, um jurista, um profissional do direito, um aluno ou professor de faculdade, pode lê-lo de várias maneiras. Há pelo menos três opções, que detalho a seguir, todas úteis e não excludentes.

A primeira opção de leitura: a história do dia a dia
Os artigos aqui reunidos, publicados em jornais, revistas ou blogs, foram organizados por temas. São os capítulos do livro. E os capítulos são organizados cronologicamente. Tratam do dia a dia no Supremo de 1992 até o ano de 2014. Seriam como uma crônica histórica.

Nenhum dos artigos surgiu da livre imaginação do autor. Antes, surgiram da observação e da análise do comportamento, das decisões produzidas por seus ministros no exercício de suas atividades. São casos concretos, artigos com os pés fincados na realidade brasileira. Assim, revelam, analisam e fotografam o Supremo.

Não são análises aleatórias, que se esgotam em si mesmas. Nem diletantes ou gratuitas. Ao contrário, têm um intuito, um objetivo comum. Perseguem um fim. Que fim é esse?

Richard Rorty,[1] o grande filósofo pragmático norte-americano, dizia que, diante da realidade, o intelectual pode assumir posições: a de mero observador, quando não se sente responsável pelos destinos de seu país, ou a de participante, quando neles decide interferir. O mesmo vale para o cidadão. Esses artigos não resultam nem de uma posição nem de outra, mas das duas, que, ao se unirem, criam uma terceira, mais completa a de observador participante.

Observação participante e difusão mobilizadora constituem ativa participação e não passivo distanciamento. Como interferência e não como isolamento. Esse é um dos objetivos deste livro.[2]

Entre os milhares de atos e fatos do dia a dia do Supremo, escolhemos aqueles que entendemos serem mais relevantes para a construção do estado democrático de direito de qualquer cidadão na democracia. Aqueles que merecem ser divulgados. Ganhar o Brasil. Entrar nas casas, nos governos, nas famílias e nas empresas. Merecem a atenção do cidadão leitor. Não somente dos milhares de leitores que já leram sobre eles na *Folha de S.Paulo*, no *Correio Braziliense*, em *O Globo* e na *Conjuntura Econômica,* no *Jota* e no "Blog do Noblat". De todos.

No fundo, o que queremos é estimular o leitor a fazer perguntas sobre o Supremo. Várias. Por que o Supremo condenou ou absolveu? Por que adiou ao invés de logo decidir? Por que escolheu julgar este caso e não aquele? Por que os ministros divergiram? Por que o ministro X só fala nos autos e o ministro Y não dispensa um repórter?

Por que a Presidente indicou Z para ser ministro? Por que os senadores o aprovaram? Quais os fatores que influenciaram sua decisão? Quem é a consciência do ministro? O Supremo está ouvindo a voz das ruas? Quem detém a palavra final, o Supremo ou o Congresso? Como essa decisão me afeta? E por aí vamos.

Perguntar é começar a entender.

Mas muitos perguntam: de que adianta entendermos e julgarmos o Supremo se seus ministros são vitalícios, irremovíveis e de salários irredutíveis? Tudo tão longe de nós. Pouco ou nada adianta, diz a crescente desilusão – mais do que a desconfiança – dos cidadãos com as instituições políticas e judiciais também.[3]

O Supremo, como é atualmente, não é um imutável destino histórico. Ele muda. Tem mudado, muito e sempre. O julgamento anônimo e difuso dos cidadãos não é de curto prazo. Cria um clima político que a médio e longo prazos pode provocar mudanças. Na forma e no conteúdo.

Instituições às vezes parecem ser eternas. Não são.

Ao contrário do Supremo, os cidadãos não produzem sentenças. Produzem aceitação ou desentendimentos. *Likes* ou *deslikes*. Apoio ou críticas. Um Supremo sem legitimidade, sem o reconhecimento dos cidadãos, é um Supremo com menos poder, menos eficaz.

Quando a crise de legitimidade se agrava, ou seja, quando o Supremo não é aceito pelos cidadãos, ele vira poder sem autoridade. A mudança se avizinha. A sociedade se inquieta.

A segunda opção de leitura: a construção da democracia
A segunda opção inclui a crônica histórica do Supremo e vai além. Foca e julga o conteúdo de suas decisões. Como o Supremo construiu e desenvolveu suas escolhas?

A construção do estado democrático de direito não acabou com a criação da nova Constituição de 1988; ao contrário, aí começou. Julgamos as escolhas do Supremo a partir de seu impacto para a construção ou a desconstrução do estado democrático de direito.

Este livro confessa sua emoção pela democracia e pela crença de que ela pode ser suficientemente entendida e praticada pelo cidadão razoável. Afinal, como lembra Humberto Maturana,[4] a democracia é um grande ato de respeito e reconhecimento pelo cidadão do seu interlocutor como interlocutor legítimo. Portador da mesma dignidade que pretendemos a nós mesmos.

Alguns artigos, por sua reiteração, detalhamento e desdobramentos, são quase deliberadas campanhas ativistas em favor do estado democrático de direito. Exemplos são os que fazem a defesa da Lei da Ficha Limpa e da maior participação da mídia e da opinião pública na construção da Justiça.

A ênfase na indicação pelo Presidente do Ministro do Supremo e o processo de sua sabatina, de sua confirmação ou não pelo Senado: este é o momento decisivo. A sociedade, a mídia e a opinião pública estão muito ausentes desse processo. A democracia exige que bem se conheça o futuro ministro. Que se discuta e se avalie o seu passado, em nome do seu futuro. Nele estarão, certamente, os rumos de sua independência e imparcialidade. A marca de seus votos. A gênese de suas opções. Seu DNA social.

O atual processo de escolha de um ministro ainda é pouco transparentee, não apenas por culpa da Presidência da República ou do Senado. E sim também pela apatia e desimportância da própria mídia, dos políticos, dos empresários e da sociedade civil, da Ordem dos Advogados do Brasil inclusive. Quando se dão conta de suas ausências, é tarde demais.

Ministro que fala fora dos autos e emite julgamentos antecipados por meio da mídia compromete sua imparcialidade. Ministro que se entretém com as partes interessadas às vésperas dos julgamentos, que recebe uns sem receber outros, também. Age contra a lei, contra a Loman[5] e o Código de Ética da Magistratura. Sobretudo, fere direito fundamental da cidadania: o direito de todos a julgamento imparcial. Um Ministro do Supremo, além de ser imparcial, necessita *parecer* imparcial, como entende a doutrina americana, por exemplo.

Ministro que discorda ou mesmo ataca seu colega pela televisão produz notícia, mas faz indevida política judicial. Por que, então, se comportam assim? Talvez porque, erroneamente, alguns ministros entendem a vitaliciedade como um cheque em branco e se acreditam cidadãos acima de qualquer suspeita e controle.

Ora, sabemos todos que o cerne da democracia é justamente este: nenhum Poder pode ser totalmente independente.[6] Inexistem, ou pelo menos não deveriam existir, independências absolutas. Nem de cidadãos nem de instituições. Ministros podem se tornar célebres nos autos, mas não podem ser celebridades na mídia.

Em todo o livro, ressaltamos também o mal que faz ao país, e ao próprio Supremo, a inundação de processos, aos milhares, que lhe batem à porta.[7] O Supremo pode ter competência constitucional para julgá-los todos, no entanto não tem a capacidade operacional necessária. Esse é um centralismo autofágico que produz inúmeras patologias.

Em vez de ser um Supremo de mérito constitucional, é um Supremo recursal. Em vez de ser um Supremo colegiado, é um Supremo monocrático. Em vez de o fator decisivo ser o conteúdo do julgamento, é a pauta, o tempo que se leva para julgar ou para não julgar. A disputa pelo poder decisório se revela uma disputa pelo tempo.

Esse centralismo ineficiente produz a mais sutil e grave das inseguranças jurídicas: a insegurança jurídica administrativa. Imperceptível mas injusta e inconstitucional, desde que todos passaram a ter o direito ao tempo razoável do processo. Não é razoável que uma Ação Direta de Inconstitucionalidade (ADI) leve em média 1.942 dias para entrar e sair do Supremo.

A terceira opção de leitura: um manual de ensino sobre o Supremo

Este livro também pode ser usado como manual de ensino sobre o Supremo em salas de aula, para estimular um conhecimento a partir da realidade vivida no Supremo brasileiro. E não a partir da importação antropofágica de instituições e doutrinas estrangeiras, com suas miopias, a transformar um orientador de tese estrangeira em doutrinador orientador brasileiro. O Supremo brasileiro não é nem americano nem alemão, muito menos português.

Não raramente, nossos cursos levam o aluno a conhecer mais casos da Suprema Corte americana do que do nosso Supremo. A conhecer mais os labirintos importados de doutrinas estrangeiras fora do lugar, do que a argumentação, a interpretação constitucional e o comportamento de nossos ministros. Precisamos de constitucionalismo de realidade.

Uma vez que os artigos aqui são construídos com ênfase mais em perguntas do que em respostas, eles se abrem ao leitor. Procuram contribuir para um debate aberto. Bom material para as aulas dialogadas.

Por isso, lembrem-se de Montaigne:[8] metade do texto pertence a quem escreve e metade a quem lê.

Vale das Videiras, Rio de Janeiro, junho de 2014

Notas

[1.] Richard Rorty, autor do livro *Para realizar a América: o pensamento de esquerda no século XX na América*. Rio de Janeiro: DP&A, 1999.

[2.] Diferente, é bom que logo se esclareça, do tradicional método denominado de "observação participante". Do método de produção do conhecimento social, de caráter sobretudo antropológico, e que anuncia que o sujeito está entrelaçado no objeto produzido.

[3.] Sobre o tema, ver Relatório do Índice de Confiança do Judiciário, da Direito FGV. Disponível em <bibliotecadigital.fgv.br/dspace/bitstream/handle/10438/11575/RelatC3B3rio20ICJBrasil20-202C2BA20Semestre20-202013.pdf?sequence=1>. Acesso em 13 mai. 2015.

[4.] MATURANA, Humberto. "Constituição política e convivência", *Emoções e linguagem na educação e na política*. Belo Horizonte: UFMG, 1999, p. 74-79.

[5.] Lei Orgânica da Magistratura, Lei Complementar nº 35, de 1979.

[6.] Sobre o tema, ver MACHADO, Mario Brockmann. *Raízes do controle externo do Judiciário*. Disponível em <www.casaruibarbosa.gov.br/dados/DOC/artigos/k-n/FCRB_MarioBrockmannMachado_Raizes_controle_externo_judiciario.pdf>. Acesso em 11 jul. 2014.

[7.] Conforme ressaltam os três relatórios do Supremo em Números:

FALCÃO, Joaquim, CERDEIRA, Pablo e ARGUELHES, Diego Werneck. *O múltiplo Supremo*. Rio de Janeiro: FGV, 2011.

FALCÃO, Joaquim, HARTMANN, Ivar A., ABRAMOVAY, Pedro e LEAL, Fernando. *O Supremo e a Federação*. 1ª ed. Rio de Janeiro: FGV, 2013.

FALCÃO, Joaquim, HARTMANN, Ivar A. e CHAVES, Vitor. *O Supremo e o Tempo*. 1ª ed. Rio de Janeiro, 2014.

Disponíveis para download em <www.supremoemnumeros.com.br>. Acesso em 9 jun. 2015.

[8.] Michel de Montaigne (1533-1592), político e filósofo francês.

1. A ESCOLHA DOS MINISTROS DO SUPREMO

OS NOVOS LÍDERES DO JUDICIÁRIO*

O que distingue uma liderança de outra não são os novos problemas. É a capacidade de quem chega de criar novas soluções para os antigos e permanentes problemas.

Novos líderes chegam aos tribunais brasileiros. Até maio, mudam os Presidentes do Supremo Tribunal Federal (STF), Superior Tribunal de Justiça (STJ), Tribunal Superior do Trabalho (TST) e Tribunal Superior Eleitoral (TSE). Haverá novos Presidentes também em vários tribunais estaduais: São Paulo, Pernambuco, Santa Catarina e Maranhão, por exemplo. Mudam os líderes das principais associações de juízes, como a Associação dos Juízes Federais e a Associação dos Magistrados Brasileiros (AMB). Como se não bastasse, a Ordem dos Advogados do Brasil terá novo Presidente. Novas lideranças, novas gerações, antigos problemas.

O que distingue uma liderança ou uma geração de outra não são os novos problemas, mas a capacidade de quem chega de criar novas soluções para os antigos problemas que não puderam ser resolvidos. Isso não é fácil. Se os novos líderes conservarem as mesmas posições, praticarem os mesmos métodos e defenderem as mesmas propostas, avançarão pouco. E frustrarão muito. Frustrarão um país refém da violência econômica, política e física, porque nos falta um Judiciário ágil.

Antes de se declarar a favor ou contra este ou aquele projeto de lei, discutir ou concordar com o governo, silenciar-se ou se pronunciar na imprensa, duas tarefas maiores e vitais, nem sempre visíveis a

---

* Publicado no jornal *Correio Braziliense* em 19 de fevereiro de 2004.

olho nu, se apresentam aos novos líderes judiciais. Sem enfrentá-las, pouco caminharão e corre-se o risco de apenas modernizar o impasse atual.

A primeira tarefa é: como liderar um Poder Judiciário complexo, contraditório e constitucionalmente dividido em justiças e instâncias autônomas e diversas? Temos cerca de 97 tribunais diferentes. Como ser líder de uma organização na qual inexiste estrutura hierárquica, como há, por exemplo, em um partido ou um sindicato, com seu Presidente, sua diretoria e seus membros afiliados, cada um com competências, direitos e deveres claros e previamente estabelecidos?

O Judiciário não é o Poder Executivo, no qual os ministros são nomeados e obedecem ao Presidente. Nenhum Desembargador é hierarquicamente inferior a seu Presidente.

No Poder Judiciário, a hierarquia jurisdicional não se confunde com a hierarquia política. Ninguém pode falar politicamente em nome de ninguém. Nem mesmo o Supremo Tribunal Federal. Quando um Presidente de tribunal se pronuncia diante de um projeto de lei ou de uma posição do governo, carrega a autoridade de si mesmo. O silêncio dos pares, que em geral se segue, é feito muito mais de constrangimentos que de concordâncias.

Como ser líder de uma legitimidade difusa e sem mecanismos institucionais para aferir posições?

Acresça-se ainda, como no caso da tentativa de greve, a possibilidade de discordante e conflituosa atuação de associações de juízes de representatividade concorrente. Sem que se estabeleça a união formal e informal entre os múltiplos "judiciários" com mecanismos permanentes de diálogo e uma pauta mínima de interesses convergentes, com a generosidade e a tolerância indispensáveis, as dificuldades da geração anterior permanecerão maiores.

A segunda grande tarefa dos novos líderes é saber como recuperar a imagem, a legitimidade do juiz diante da opinião pública.

O ano de 2003 foi particularmente ingrato e, a meu ver, injusto para com o Poder Judiciário. As pesquisas de opinião evidenciam a queda de confiança da população em seus juízes.[1] Isso é ruim e é grave. No entanto, é compreensível que a opinião pública não apoie melhores salários e benefícios para os juízes quando os cidadãos experimentam em seu cotidiano uma Justiça lenta e insuficiente.

Dizer que o culpado não é o juiz, mas sim as leis, os advogados e seus incontáveis recursos pode ser verdade, mas pouco ajuda. O responsável maior perante o povo é o juiz, o Judiciário. As novas lideranças teriam, com certeza, total apoio da opinião pública e da mídia se implementassem uma atitude proativa, buscando soluções dentro de si. Propondo e concretizando as leis que propugnam. A informação e o apoio da opinião pública são motor indispensável à mudança democrática.

Conta-se que D. João VI, antes de voltar a Portugal, teria chamado o príncipe regente e dito: "Pedro, se o Brasil se separar, antes seja para ti, que me hás de respeitar, do que para alguns desses aventureiros." Se a reforma do Judiciário é inevitável, que este seja proativo e líder, antes que outros o sejam.

Nota

[1]. Em novembro de 2003, foi publicada pesquisa encomendada pela Ordem dos Advogados do Brasil ao Instituto Toledo & Associados revelando que o Poder Judiciário e o Congresso eram as instituições que mais geravam desconfiança na população. Sobre o tema, ver: "Judiciário e Congresso são as instituições que mais geram desconfiança". Disponível em <www.conjur.com.br/2003-nov-10/pesquisa_revela_pensa_sociedade_instituicoes>. Acesso em 24 jun. 2014. Tal desconfiança também se verifica no seguinte estudo de 2013: CUNHA, Luciana Gross (coord.). *Relatório ICJ Brasil* – 2º sem./2013, p. 13-14.

O SUPREMO DE LÁ
E O SUPREMO DE CÁ*

Os Presidentes da República não devem indicar novos membros do Supremo para ganhar um ou outro caso de interesse momentâneo do seu governo.

Tanto no Supremo dos Estados Unidos quanto no do Brasil, a nomeação de um novo membro é mais importante do que a eleição de um deputado, de um senador, ou mesmo de um governador. Ele, ou ela, participará de mais decisões importantes para o país, e as influenciará, com maior peso político relativo do que qualquer um dos políticos citados. Basta lembrarmos Ricardo Lewandowski,[1] quando diz que o século XIX foi o século dos parlamentos, que o século XX foi o século do Executivo, e que o século XXI será – já é – o século do Judiciário.

Obama está indicando agora o seu segundo novo membro da Suprema Corte, Elena Kagan.[2] Lula indicará em setembro, na vaga de Eros Grau,[3] que se aposenta, o seu nono membro do Supremo. É interessante notar as semelhanças e diferenças no processo de escolha de lá e de cá.

Primeiro, sendo o Supremo de lá e o de cá Cortes políticas, em geral os Presidentes da República indicam novos membros não para ganhar um ou outro caso pendente no Supremo e de interesse circunstancial de seu governo. Nem devem indicar candidato com a missão de protegê-los no futuro do excesso de judicialização da oposição e do Ministério Público, que, em geral, patologicamente, ocorre quando

---

* Publicado no "Blog do Noblat" em 11 de maio de 2010.

o Presidente deixa o governo e começam a surgir ações contra a sua administração.

O critério de indicação principal deve ser a sintonia política e ideológica de longo prazo que o candidato demonstra com o Presidente e a maioria do Congresso. Não deve ser a defesa de presentes pessoais e efêmeros, mas de abundantes futuros sólidos de visão de mundo.

A indicação, mesmo com objetivos de médio e longo prazos, nunca é um cheque em branco. Deve conquistar a aprovação no Congresso.[4] Da oposição também. Kagan, quando foi indicada por Obama para Solicitor General (Advogada-Geral da União), foi aprovada por 61 a 31. É, pois, um nome palatável aos conservadores.

O Presidente não pode radicalizar muito na similitude política de seus indicados. Mesmo porque, ao contrário do Brasil, o Congresso nos Estados Unidos recusa, sim, candidatos. É ativo participante do processo decisório, quando demonstra seu poder e responsabilidade. Antônio Carlos Magalhães[5] andava procurando, como Presidente da Comissão de Constituição e Justiça do Senado, uma oportunidade para recusar algum ministro ou embaixador indicado temerariamente pelo Executivo para então iniciar o exercício da influência desse poder legítimo do Congresso.

Na verdade, dois tipos de oposição podem ser feitos pelo Congresso a um Presidente da República e seu governo. A oposição de circunstância, de ocasião, em que se combatem as políticas de governo; e a oposição institucional, quando se discute o funcionamento mais permanente das instituições, inclusive do Judiciário. É este o caso.

Segundo, a indicação lá é sempre realizada com bastante antecedência, para que seja feita o que eles denominam de *due diligence*, análise diligente da vida dos candidatos. Já se sabe, por exemplo, que Kagan foi membro do Conselho Consultivo da Goldman Sacks[6] e foi paga para tanto. No colégio, escreveu sobre a história do Partido Socialista. Com Kagan, não haverá mais protestantes na Suprema Corte, somente seis católicos e três judeus. Além disso, todos os membros terão vindo de Harvard ou Yale.

Investigar em profundidade a vida pregressa não é algo formal, que se satisfaz como nosso direito administrativo licitatório, lembra Felipe Herdem,[7] com alguns atestados formais de boa conduta. É investigação mesmo, profunda, que permite a senadores, mídia e opinião pública discutir e avaliar a indicação.

Essa avaliação, no entanto, tem um limite. A própria Kagan já deixou claro: nenhum candidato tem obrigação de anunciar como decidiria um caso se escolhido ministro. O que permite prever que se alinhará com o comportamento indispensável à democracia. Membro nenhum da Suprema Corte pode fraquejar diante de um microfone ou câmera de televisão, nem trocar sua ambição contida de celebridade pela indispensável autoridade de membro do Supremo.

No Brasil, Lula terá de também enfrentar problemas na indicação do substituto de Eros Grau. São candidatos, entre outros, Cesar Asfor,[8] Luís Roberto Barroso,[9] Luiz Fux[10] e o eterno recusante Sigmaringa Seixas.[11] A indicação à vaga ocorrerá em plena campanha eleitoral. O primeiro cuidado é não transformar essa indicação numa disputa eleitoral. O ideal é que, se o candidato não tiver a oposição ou apoio ostensivo de Serra ou Dilma, tenha pelo menos a aceitação de ambos.[12] Terá também de ter o que Nelson Jobim, anteriormente, já apontou:[13] além do notável saber jurídico e da reputação ilibada, potencial liderança.

Obama mencionou expressamente a capacidade de Kagan de liderar instituições e de entender antes e discordar depois – o cerne da neutralidade intelectual. O que não é fácil. Liderar instituições é diferente de liderar correntes jurídicas e políticas ou de ganhar este ou aquele caso. É algo mais complexo. Nem sempre o melhor líder institucional é o melhor líder doutrinário. Vamos esperar o que virá, lá e cá.

Notas

1. Ministro do Supremo desde março de 2006.

2. Elena Kagan foi advogada, diretora da Harvard Law School e chefe da Advocacia-Geral dos Estados Unidos.

3. Ministro do Supremo de 2004 a 2010. Para o seu lugar foi indicado o Ministro Luiz Fux, mas apenas no ano seguinte, pela Presidente Dilma Rousseff.

4. No Brasil e nos Estados Unidos, o processo de nomeação e aprovação de um ministro para a Suprema Corte é semelhante, tendo início com o Presidente da República indicando o candidato ao Legislativo. No Brasil, a indicação é feita ao Senado; nos Estados Unidos, ao Congresso. Os parlamentares fazem primeiro a sabatina. No Brasil, para que o candidato seja aprovado, é exigido o voto da maioria absoluta do Senado Federal.

5. Liderança política brasileira, três vezes Governador da Bahia e por duas vezes Senador da República. Faleceu em 2007.

6. Banco de investimento mundial.

7. Advogado, formado pela FGV Direito Rio.

8. Cesar Asfor Rocha foi Ministro do Superior Tribunal de Justiça de 1992 a 2012.

9. Luís Roberto Barroso foi advogado até junho de 2013, quando tomou posse como Ministro do Supremo na cadeira anteriormente ocupada por Ayres Britto.

10. Luiz Fux foi Ministro do Superior Tribunal de Justiça de 2001 a 2011. Desde 2011 é Ministro do Supremo.

11. Sigmaringa Seixas é advogado e deputado federal por três mandatos pelo Distrito Federal.

12. José Serra e Dilma Rousseff eram os principais candidatos à Presidência da República em 2010.

13. Nelson Jobim foi Ministro do Supremo Tribunal Federal, de 1997 a 2006, tendo exercido a presidência do tribunal de 2004 a 2006, e a do Conselho Nacional de Justiça de 2005 a 2006. Foi também constituinte (deputado federal pelo Rio Grande do Sul), Ministro da Justiça no governo de Fernando Henrique Cardoso, de 1995 a 1997, e Ministro da Defesa no governo de Luiz Inácio Lula da Silva, de 2007 a 2011.

SENADO APROVOU O MINISTRO DO SUPREMO ANTES DE INTERROGÁ-LO*

Faz parte do jogo da sabatina o ministro não revelar seu voto futuro.

Para que o Senado Federal faz arguição pública do candidato a Ministro do Supremo Tribunal Federal? Arguir é examinar, interrogando. Examinar para quê?

O Senado é corresponsável pela escolha, ao lado do Presidente da República. Tem de formar um juízo sobre o candidato. E só depois votar: sim ou não. Mas, desta vez, a lógica se inverteu. Indicado Ministro do Supremo pela Presidente Dilma Rousseff, Luiz Fux — que toma posse no dia 3 de março — foi aprovado antes de ser interrogado. Se assim é, para que serve a sabatina? Serve para a opinião pública conhecer melhor o futuro ministro, o que não é fácil.

Os senadores perguntam, mas o candidato evita polêmica. Os senadores perguntaram sozinhos. Não houve participação e mobilização da sociedade civil. Levou-se 184 dias para se indicar um candidato, e apenas sete para aprová-lo. Anteontem, Luiz Fux foi aprovado por 23 votos a zero na Comissão de Constituição e Justiça, e por 68 votos a dois no plenário.

O novo ministro usou três táticas para responder muito, informando pouco. Algumas vezes foi direto. Nada diria sobre união homossexual, Ficha Limpa, Cesare Battisti.[1] Não revelaria de antemão seu futuro voto no Supremo. Nada diria também sobre a reforma

---

* Publicado no jornal *Folha de S.Paulo* em 11 de fevereiro de 2011.

política devido a impedimento ideológico afetivo. Ponto final. Estava certo. Não revelar seu voto futuro faz parte do jogo.

Em outras respostas, deixou vislumbrar posições: flexibilizar a Lei Maria da Penha[2] é retrocesso; deve-se punir o administrador público que agiu com dolo, mas não o inepto; o juiz deve ordenar que o governo forneça medicamentos a quem precisa e que realize tratamentos.

Mais importante, porém, foi revelar fundamentos de seu pensamento.

Mostrou-se simpático a algum ativismo judicial: se o juiz não tiver suas ordens cumpridas, sobretudo pelo governo – pelo Poder Executivo –, o Poder Judiciário cai em descrédito. Por um lado considera inconcebível a politização do Judiciário. Por outro, acredita que direito não é só a lei.

Existe a responsabilidade social do juiz e valores humanos e sociais a considerar também. Essas posições são legítimas e vitais. Mas muitos brasileiros são contra. É dar muito poder ao juiz.

Não houve debate. Sabatina só informa quando há contraditório. Os senadores perguntaram ao Ministro do Superior Tribunal de Justiça como candidato a Ministro do Supremo. O ministro respondeu como professor.[3]

Notas

[1.] Naquele momento, estava em andamento no Supremo uma ação sobre o reconhecimento da união homossexual como união estável, a constitucionalidade da chamada Lei da Ficha Limpa (que aumentou os casos de inelegibilidade, determinando que o candidato que houvesse renunciado, para evitar a cassação, assim como o condenado por órgão colegiado, ainda que sem trânsito em julgado, por determinados crimes, não poderia se candidatar nos oito anos subsequentes) e a extradição de Cesare Battisti, ex-ativista italiano condenado na Itália por quatro homicídios.

[2.] Lei nº 11340 de 2006, que cria mecanismos para coibir a violência doméstica e familiar contra a mulher.

[3.] O Ministro Luiz Fux é também professor titular de Direito Processual Civil na Universidade do Estado do Rio de Janeiro (Uerj) desde 1977.

A ESCOLHA DO
MINISTRO DO SUPREMO*

A Constituição veta a atuação político-partidária do juiz.

Um mito cerca a escolha de um Ministro do Supremo no Brasil: o candidato tem que ser politicamente neutro.[1] Nunca foi. Ou raramente foi. O Supremo é órgão político. E esse é o único momento em que a democracia eleitoral, através do Senado, interfere no Judiciário.

O candidato pode comungar a visão de Brasil, de sociedade, de mundo e a ideologia da Presidência. Não deve, porém, ser um candidato cujo passado, abertamente militante, comprometa o equilíbrio necessário para a sua independência.

A indispensável pluralidade do Supremo é assegurada pelo correr da história. Sucedem-se Presidentes, alternam-se visões, o conhecimento avança, diversifica-se o tribunal.

O que não se deve confundir é a legítima sintonia política de visões de Brasil com compromisso partidário de voto no curto prazo. A Constituição veta a atuação político-partidária, direta ou indireta, dos juízes. E aqui começa o problema, pois a linha é tênue.

A pressão da base política será para a Presidente indicar alguém que vote com o governo nas ações em julgamento no Supremo. Por exemplo, que vote contra a Ficha Limpa, a favor de Battisti, do Tesouro Nacional e, agora, inocentando réus do Mensalão.[2] Nesse processo, o Executivo e o PT têm interesses circunstanciais expressos.

---

* Publicado no jornal *Folha de S.Paulo* em 7 de novembro de 2011.

O voto do futuro ministro no Mensalão é mistério decisivo. Não se trata de exigir compromisso formal ou de se inquirir como ele votará. Trata-se de escolher um candidato cuja vida profissional indique sua tendência. Trata-se de avaliação de risco decisório.

Alguns estudiosos acreditam que a taxa de fidelidade política de um ministro é estrategicamente seletiva e varia no tempo. Seriam duas variáveis decisivas. O voto importa para os interesses decisivos ou acessórios do governo? O ministro está no início de seu mandato?

No início do mandato, o ministro tenderia a votar com o governo nas ações decisivas. A plena independência é construída apenas à medida que os anos passam. A taxa de fidelidade se dilui com o tempo. E sempre haverá sentimentos de traição e de autonomia a conflitar o Presidente e seu indicado.

O impacto da personalidade do candidato no desempenho da Corte dessa vez conta. A Presidente provavelmente indicará uma mulher. E com a serenidade, pessoal e profissional, de Ellen Gracie. A obsessão midiática de alguns ministros incomoda politicamente o governo. Estimular uma cultura judicial midiática não parece conveniente.

As decisões e o falar do Supremo são preciosos, porque raros. O Brasil precisa mais da solidariedade institucional dos ministros do que de individualismos não jurídicos. O Supremo tem claro problema de articulação e de convivência entre os ministros.

A nova Ministra da Suprema Corte americana, Elena Kagan, por exemplo, foi aprovada por sua capacidade de articular produtivamente dissensos e consensos. Aqui, o lugar está vago.

A indicação da Presidente provavelmente vai considerar a sintonia política do candidato com sua visão de Brasil, a pressão da base governista por um voto pró-absolvição no Mensalão, o desestímulo ao individualismo político midiático e a capacidade de o candidato articular e influenciar, a longo prazo, os destinos do próprio Supremo. E, se possível, liderá-lo intelectualmente.

Notas

[1.] Sobre esse tema, ver ARGUELHES, Diego Werneck e RIBEIRO, Leandro Molhano. "A indicação política importa nas indicações do STF?", *Conjuntura Econômica*, Rio de Janeiro, vol. 68, 2014, p. 48 e ARGUELHES, Diego Werneck e RIBEIRO, Leandro Molhano. "Indicações presidenciais para o Supremo Tribunal Federal e seus fins políticos: uma resposta a Prado e Turner", *RDA - Revista de Direito Administrativo*, vol. 255, 2011, p. 115-143.

[2.] Ação Penal nº 470, em que foram julgados o ex-Chefe da Casa Civil, parlamentares, publicitários, administradores de bancos, entre outros, por diversos crimes, tais como corrupção, peculato, lavagem de dinheiro e tantos mais.

A SOCIEDADE QUER PERGUNTAR*

O Senado pode construir de forma colaborativa com a mídia, as redes sociais, as universidades e as associações uma pauta de perguntas que se faria a todo candidato a Ministro do Supremo.

A Presidente Dilma Rousseff indicou a Ministra Rosa Weber, vinda do Tribunal Superior do Trabalho, para a vaga de Ellen Gracie[1] no Supremo. O próximo passo é a sua sabatina na Comissão de Constituição e Justiça do Senado, oportunidade para valorizar o potencial democrático da Casa no equilíbrio dos Poderes.

O Senado pode inovar a democracia construindo de forma colaborativa, com a mídia, as redes sociais, as universidades e as associações, uma pauta de perguntas que se faria a todo candidato ao Supremo.

Em geral, as sabatinas são diplomáticas, sem participação ativa da sociedade civil. Quando elas não desfilam elogios, procuram saber como o candidato vai votar no futuro, ou seja, querem que ele antecipe o voto. Como vai votar no Mensalão? E na questão da interrupção da gravidez de fetos com anencefalia? Como votaria quanto aos *royalties* do pré-sal?

São sabatinas adivinhatórias, uma tarefa inglória, pois não é esse o objetivo da sabatina. O futuro ministro, por dever de imparcialidade, não pode antecipar seus votos, dando, então, respostas polidamente enigmáticas. Tem que ser assim.

---

* Publicado em coautoria com Diego Werneck Arguelhes e Pedro Vieira Abramovay no jornal *Folha de S.Paulo* em 10 de novembro de 2011.

A sabatina democrática que propomos, porém, não se trata de comprometer o futuro do candidato por meio de uma sutil negociação: se votar assim, então aprovamos. Trata-se de esclarecer o passado da pessoa indicada, permitindo que se avalie o sentido ético-político da indicação. Quais seriam as partes – sobretudo empresas, escritórios de advocacia e interesses de governos – que a candidata se sentiria suspeita para julgar imparcialmente? Qual sua filiação partidária, as atividades ou as causas políticas que ela abraçou ao longo da vida?

Qual o histórico de sua vida associativa? E de sua declaração de bens? Tem parentes no setor público? A Ministra Rosa Weber, como juíza, tem cumprido as metas de produtividade do Conselho Nacional de Justiça (CNJ)?

Responder, antes da sabatina, a perguntas sobre o passado é prática nos Estados Unidos. A então juíza Sonia Sotomayor, indicada para a Suprema Corte em 2009 por Barack Obama, teve de responder, por escrito, a questões bastante precisas sobre sua vida profissional. Como ela havia sido advogada, pediu-se a relação de todos os seus clientes. E, como depois fora juíza, pediu-se também o resumo dos principais casos que julgou, incluindo todos os que haviam chegado à Suprema Corte. O caso poderia servir de inspiração a nossos senadores.

Há dois tipos de controle democrático sobre o Supremo: o primeiro acontece no debate público sobre as decisões. De jornais a redes sociais (o Supremo tem se tornado um dos assuntos mais comentados no Twitter), a discussão é feita pela academia e pela sociedade antes, durante e depois dos julgamentos. Impulsionada pela transmissão ao vivo, ela se consolida, refletindo saudável participação democrática no processo decisório do Supremo.

O segundo controle é mais institucionalizado e tem sido menos praticado, pois se refere ao controle prévio sobre a vida e as ideias dos indicados pela Presidência. É necessário criar uma cultura jurídico-política em que a sociedade tenha perfeita consciência sobre quem é a pessoa indicada e sobre seu DNA jurídico-político.

É hora de mudar o hábito das discretas sabatinas e de escapar da cultura da opacidade, que limita o potencial democrático do Senado.

Nessa pauta permanente de perguntas públicas que exigem respostas públicas e prévias, poderíamos até incluir perguntas também inspiradas no processo americano.

Com que pessoas a indicada se encontrou especificamente para os fins relativos às indicações a seus cargos anteriores na magistratura? E para a atual indicação para o Supremo? Essas perguntas servem para legitimar o futuro ministro e dignificar a democracia.

Nota

[1.] Ministra do Supremo de 2000 a 2011.

PERDA DE PRIVACIDADE É UM PREÇO QUE SE PAGA NA CARREIRA PÚBLICA*

Um direito à privacidade menor é o voluntário preço que se paga por optar pela carreira pública no Estado republicano.

A sociedade tem o direito de conhecer todos os atos dos juízes? Sua vida privada também? Qual o nível de transparência judicial necessário na democracia? Esse debate é um bom subproduto da ação da Associação dos Magistrados Brasileiros[1] contra o Conselho Nacional de Justiça.[2] As respostas não são simples.

Quando o juiz decide um caso, a Constituição é clara: publicidade total. Aceita-se sigilo só para proteger a privacidade individual. Mesmo assim, se não prejudicar o interesse público à informação.[3] O Ministro Cezar Peluso mandou que, nos inquéritos criminais, só se colocassem as iniciais das partes para proteger réus e vítimas.[4] Marco Aurélio Mello considera, porém, que isso fere a Constituição e põe de volta os nomes nos casos em que é relator.[5]

Quando o juiz pratica ato administrativo, a regra também é a publicidade. Exemplo: o tribunal tem de divulgar salários, carros, diárias, produtividade e horário de atendimento de cada um, quando saem de férias etc. Uns tribunais são mais transparentes que outros. Há necessidade de aperfeiçoar. Às vezes, publicar não é informar. Quando o tribunal publica o salário-base do juiz e não inclui os adicionais, os benefícios e os atrasados, como agora, publica, mas não informa tudo.

---

* Publicado no jornal *Folha de S.Paulo* em 14 de janeiro de 2012.

Quanto aos atos pessoais, o juiz tem direito à privacidade tanto quanto um cidadão? Não tanto. O Supremo já decidiu que, quando uma pessoa decide ser servidor público, juiz, seu direito à privacidade é menor. Aceita-se esse limite. É "o preço que se paga pela opção por uma carreira pública no seio de um Estado republicano".[6] Sua conduta fora do âmbito jurisdicional contribui também para a confiança dos cidadãos no Judiciário, diz o Código de Ética.

O direito à privacidade não prevalece e a transparência é urgente, sobretudo quando atos administrativos e razões privadas se misturam, como no caso de adiantamento de salários para ajudar juízes a pagar dívidas pessoais.

O Congresso aprovou uma das melhores leis de transparência do mundo: a Lei de Acesso à Informação.[7] Com ela, a democracia não mais se satisfaz com a "transparência passiva", que é colocar as informações no site e esperar que a mídia ou o cidadão as peça, decifre e procure. Tem de ser transparência ativa: fornecer claramente tudo antes mesmo de ser perguntado. Por que não?

Notas

[1.] A Associação dos Magistrados Brasileiros é a maior associação de juízes do Brasil. Congrega quase 14 mil juízes estaduais, federais, trabalhistas e militares.

[2.] Em agosto de 2011, a AMB entrou com uma ação contra a Resolução nº 135 do Conselho Nacional de Justiça que determinava, entre outras coisas, a competência do CNJ para julgar qualquer juiz brasileiro, sem a necessidade de a Corregedoria do tribunal a que o juiz pertencesse já tê-lo julgado. Também determinava que o julgamento do juiz fosse público. Em dezembro de 2011, o Ministro Marco Aurélio Mello concedeu parcialmente a liminar para determinar que o CNJ só julgaria o juiz que já tivesse sido julgado pelo seu tribunal, mas rejeitando o sigilo. A ação foi julgada pelo plenário em fevereiro de 2012, tendo a maioria entendido que a competência do CNJ para julgamento de magistrados é concorrente à da corregedoria.

[3.] É o que diz a parte final do artigo 93, IX, da Constituição Federal: "Podendo a lei limitar a presença, em determinados atos, às próprias partes e a seus advogados, ou somente a estes, em casos nos quais a preservação do direito à intimidade do interessado no sigilo não prejudique o interesse público à informação."

[4.] É o que se percebe através da Resolução do Supremo nº 458 de março de 2011, que determina: "Na autuação de inquéritos, os investigados serão identificados apenas pelas iniciais dos nomes e sobrenomes, salvo determinação posterior contrária do ministro relator." Disponível em <www.stf.jus.br/ARQUIVO/NORMA/RESOLUCAO458-2011.PDF>. Acesso em 17 out. 2014.

Sobre o tema, o Ministro Peluso se manifestou esclarecendo que a medida trata de inquéritos criminais que entrem no STF pela primeira vez, assim como de Ações Penais que venham de outros juízos para o STF, que tenham segredo de Justiça decretado pelo juízo de origem ou pela autoridade policial, determinando que assim permaneçam até a distribuição ao relator, uma vez que a maior parte dos ministros mantém o segredo de Justiça, que perderia o sentido com a divulgação dos nomes.

5. Esse comportamento do Ministro Marco Aurélio Mello pode ser visto nas reportagens disponíveis em ‹www.valor.com.br/politica/2592636/stf-nao-chega-conclusao-sobre-sigilo-em-processos-de-autoridades›. Acesso em 17 out. 2014.

6. Expressão usada no texto de acórdão do Supremo em Suspensão de Segurança (SS nº 3.902 – AgR-Segundo, relator Ministro Ayres Britto). Disponível em ‹redir.stf.jus.br/paginadorpub/paginador.jsp?docTP=AC&docID=628198›. Acesso em 17 out. 2014.

7. Lei nº 12.527 de 2011.

CRESCE EM TODA A PARTE A AUTORIDADE DA SUPREMA CORTE*

O século XXI será o século dos Supremos fortes. Detentores da última palavra. Para o bem ou para o mal.

O que tem a ver com o Brasil a renúncia do Ministro do Supremo na Espanha? Aliás, mais do que ministro, a renúncia foi do Presidente do Supremo e do Conselho Nacional de Justiça de lá, que se chama Conselho Geral do Poder Judiciário. O que isso tem a ver com o Brasil? Aparentemente, nada. Na verdade, tudo.

O Presidente espanhol tentou permanecer no cargo. Conseguiu até uma decisão de seus colegas do Supremo a seu favor. Mas só de protestos na internet foram mais de 100 mil. Não foi preciso decisão em processo legal. A pressão ética e política foi maior.

O Presidente Carlos Dívar teve de renunciar porque usou dinheiro público para fazer viagens de fim de semana não oficiais. Pouco dinheiro. Não importa a quantia. Importa o gesto, suas consequências e a evidência da acelerada mudança do fundamento político da autoridade do Supremo. Na Espanha, no Brasil e no mundo.

Nesses mesmos dias, uma decisão do Supremo na Venezuela não reconheceu a legitimidade de dois líderes de partidos que se opunham ao governo, o que prejudica a possibilidade de vitória da oposição contra Chávez.

---

* Publicado no "Blog do Noblat" em 26 de junho de 2012.

No Egito, o Supremo considerou a eleição para o Parlamento inconstitucional e ordenou sua dissolução, o que altera os rumos da vida política de um país com Supremo, porém sem Constituição.

No Paquistão, o Supremo também decidiu pela inabilitação do Primeiro-Ministro, cuja consequência deve ser a necessidade de nova escolha e novas eleições para preencher o cargo no Parlamento. Tudo em menos de três semanas.

Sem falar nos países da Europa. As políticas econômicas recessivas e o incontido apoio dos governos aos bancos vão ser contestados nos seus respectivos Supremos, como foram nossos planos econômicos. O século XX pode ter sido o século dos Executivos fortes. Mas o século XXI será o século dos Supremos fortes. Detentores da última palavra. Para o bem ou para o mal.

De onde está vindo a crescente autoridade de Supremos cada vez mais poderosos? Mais do que de uma necessidade política estabilizadora, essa autoridade precisa da autoridade moral de seus ministros, de sua aceitação pela sociedade, de decisões não partidárias nem corporativas.

Cresce sobretudo a necessidade de ilibada reputação da vida pessoal dos magistrados. Não podem pairar dúvidas sobre comportamentos não explicados. Ou, quando explicados, não convincentes. O intenso e mobilizado mundo da participação política na internet protesta. Retira legitimidade e autoridade de ministros e instituições.

De certa maneira, estamos voltando à aldeia antiga, na qual a autoridade comunitária residia nos velhos sábios de reputação ilibada. De vida vivida e comprovada. Sem ambições futuras que não o bem da própria aldeia.

Esses fatores – reputação pessoal, isenção política, desambição corporativa e de enriquecimento – estão voltando à moda. O mundo está exausto da apropriação pessoal e política das instituições democráticas. E tais fatores deverão pesar nas futuras escolhas da Presidente Dilma para nosso Supremo.

O PARENTESCO NOS TRIBUNAIS*

Na democracia, proibir todas as formas de nepotismo na escolha de Desembargadores é diminuir os riscos do patrimonialismo familiar.

Parente de Ministro do Supremo Tribunal Federal, do Superior Tribunal de Justiça ou de Desembargador pode se candidatar a Desembargador em tribunal estadual ou federal? Na vaga indicada pela Ordem dos Advogados do Brasil, não.[1] A Constituição proíbe. Basta uma analogia com o Poder Executivo.

A Constituição torna inelegíveis, não podendo ser candidatos no território de jurisdição do titular, cônjuge, parentes consanguíneos ou afins até segundo grau ou por adoção do Presidente da República, governador ou prefeito. A razão é simples. Trata-se de impedir que a autoridade então no poder caia na tentação do afeto e desequilibre o processo eleitoral em favor do parente candidato.

Assim como esses parentes de políticos em exercício de mandato no Executivo são inelegíveis como proteção à competição eleitoral, parente de ministro ou desembargador é também inelegível como proteção à impessoalidade e independência do Judiciário.

Quando o Conselho Nacional de Justiça acabou com o nepotismo, com o apoio do Supremo, usou critério simples para moralizar a administração judicial. Qual?

Se a nomeação para cargo é feita por critérios objetivos, por concursos, parente pode ocupar cargo disponível, já que o fator parentesco

---

* Publicado no jornal *Folha de S.Paulo* em 6 de agosto de 2013.

não influencia o resultado do concurso. Mas se é feita por critérios subjetivos, como cargos de confiança, o parente não pode ocupar o cargo, já que, nesse caso, o fato parentesco pode, sim, influenciar na nomeação. Ou seja, sempre que houver parentesco que possa influenciar na nomeação, a Constituição exige que seja neutralizado. Simples assim.

Na democracia, proibir todas as formas de nepotismo na escolha dos Desembargadores dos tribunais é política de prevenção dos riscos advindos do patrimonialismo familiar.

A influência do parentesco pode ocorrer de diversas formas. A mais óbvia e direta é quando o candidato a desembargador é filho ou irmão, parente até segundo grau, de quem decide diretamente: do governador que nomeia ou do desembargador que seleciona os candidatos. O risco de influência é grande, donde a proibição.

A menos óbvia e indireta é quando alguma autoridade judicial pode influenciar quem participa da escolha. Quando, por exemplo, o candidato a desembargador é parente de um Ministro do STF, de tribunal superior ou mesmo de outro Desembargador do próprio tribunal.

O governador pode ficar constrangido por não nomear um parente do ministro que algum dia julgará causas de seu estado ou de sua pessoa. O Desembargador pode ficar constrangido por não incluir na lista de candidatos um parente do Ministro do STJ que um dia votará sobre sua ascensão profissional.

Não se trata de afirmar que governadores e magistrados que participam de nomeações cuja subjetividade é grande são influenciáveis. Submeter-se a influências nepóticas não é destino. Trata-se de evitar que, sempre que os critérios da escolha não forem auferíveis objetivamente ou o voto não for público e fundamentado, o Judiciário fique desprotegido. É melhor prevenir do que remediar.

A tentação da influência muitas vezes é gentil e velada. Mas o fato é que a moralidade pública e a impessoalidade constitucionais não se dão bem com candidaturas afetivas. Proibir essas candidaturas não discrimina negativamente nem ofende direito individual do parente, tem afirmado o STF. Ao contrário. É discriminação democraticamente positiva, necessária para blindar a administração pública de interesses patrimonialistas.

Não se diminui o ministro nem o parente. Eles não estão em julgamento. É apenas opção institucional democrática, válida para todos.

Melhor seria que os parentes de até segundo grau nem sequer expusessem familiares que sejam autoridades judiciais a essa situação. É constrangedor. Se querem entrar para a magistratura, entrem por meio do concurso público para juiz.

Nota

[1.] Todos os órgãos do Judiciário, a partir da segunda instância (Tribunal de Justiça, Tribunal Regional Federal, Tribunal Regional do Trabalho e Tribunais Superiores), com exceção do Supremo Tribunal Federal, devem ter 1/5 de seus membros composto por advogados indicados pelo Conselho Federal da Ordem dos Advogados do Brasil e escolhidos ou pelo governador, no caso da Justiça estadual, ou pelo Presidente da República, no caso da Justiça federal.

PODE UM PRESIDENTE DA OAB SER CANDIDATO A MINISTRO DO SUPREMO?*

O bem mais precioso da OAB é a sua independência. A tradição tem preservado e ampliado esse tesouro. É preciso bem guardá-lo.

O nome do atual Presidente da OAB, Marcus Vinicius Furtado Coêlho,[1] circula em várias notícias como candidato ao Supremo. O que não deixa de ser uma homenagem ao Presidente e aos advogados. Ter um de seus líderes considerado para tão importante cargo na República. Ao mesmo tempo, porém, levanta questão que extrapola eventual candidatura. Uma questão institucional da OAB.

Nunca até hoje, ao menos do que se saiba, um presidente da OAB, e em exercício do cargo, foi candidato ao Supremo. Ou tenha sido ministro logo depois do exercício da presidência. Será este precedente, se aberto, prejudicial ou favorável à representação dos advogados brasileiros?

O que está em jogo é a independência da OAB frente, não somente ao Supremo, mas aos demais poderes constituídos. É a Presidente da República quem indica. O Senado quem escolhe. O Presidente da OAB jura "pugnar" pela dignidade, independência, prerrogativas e valorização da advocacia.

Todos sabem que o processo de escolha de um novo ministro é processo eminentemente político. Onde a busca de múltiplos apoios e influências é necessária. Será extremamente difícil separar a pessoa do candidato a Presidente da OAB.

---

* Publicado no site *Jota* em 13 de abril de 2015.

Nada indica que qualquer linha divisória entre a pessoa ou o presidente esteja em jogo agora. Mesmo porque o Presidente Marcus Vinicius já declarou não ser candidato à vaga. A questão é de avaliação de riscos futuros. O risco de que no futuro esta possibilidade venha a ser aberta. Mesmo se for, deve aceitar? A OAB pode vir a ser trampolim para o Supremo ou para qualquer tribunal superior?

A título de mera ilustração, vejam os riscos que podem ocorrer. Atualmente, o Presidente do STF, Ministro Lewandowski, propõe um projeto de lei para a Loman.[2] Decisivo para o exercício da advocacia. Diante dele, a OAB tem o dever de se pronunciar, criticar, propor, atuar e participar com a mais absoluta independência. Nem sempre vão coincidir os interesses da magistratura com os da advocacia.

Ao mesmo tempo, trata-se do Presidente do Supremo, que como é público e notório, normalmente é ouvido nas indicações para Ministro do Supremo. É situação de potencial constrangimento ético e político a mera possibilidade do Presidente da OAB ser candidatável, mesmo sem querer.

Para que este constrangimento não ocorra, alguns até consideram oportuno e interessante criar a previsão de que membros da diretoria não podem ser candidatos ou aceitar cargos no Poder Judiciário. O que duraria por cinco ou mais anos depois de exercido o cargo. A regra poderia ser incluída no Estatuto da OAB, ou até no novo Código de Ética, promovido pelo próprio Presidente, que quer fazê-lo como um marco de sua gestão.

O bem mais precioso da OAB é a sua independência. E também a arte e humildade de conciliar os direitos e prerrogativas dos advogados com os interesses da nação. A tradição tem preservado e ampliado este tesouro. É preciso bem guardá-lo.

Notas

[1.] Presidente da Ordem dos Advogados do Brasil desde 2013.

[2.] Trata-se de projeto de alteração da Lei orgânica da magistratura, apresentado pelo então Presidente, Ministro Ricardo Lewandowski, ainda em discussão.

O PRESIDENTE DA REPÚBLICA PASSA, MAS O MINISTRO DO SUPREMO FICA[*]

O ponto é saber se o ministro consegue ser independente diante de futuras pressões. Ninguém é independente diante de seu passado. Isto é central.

Poucas indicações a Ministro do Supremo provocaram reações tão radicais e emocionais, de um lado e de outro, quanto a de Luiz Edson Fachin.[1] Isso é bom ou mau? Quais as consequências de tanta polêmica? São várias. Mas em resumo, vejamos cinco.

Primeiro, quanto mais a presidência adia indicações, mais ela se torna vítima das conjunturas do momento. Uma indicação de Ministro do Supremo tem efeitos de curto prazo, mas o que conta são os efeitos a longo prazo. A presidência passa, o Ministro da Fazenda passa, mas o Ministro do Supremo fica. Atrasar indicações é abrir espaço para a pequena política. É mau.

Segundo, o radicalismo de setores conservadores da imprensa e das mídias sociais, indo além dos limites com ataques pessoais, nos revela que estamos vivendo a adolescência do ativismo das redes sociais. É na adolescência que, em geral, radicalizamos nossas opções. É o que ocorre agora. Isso nem é bom, nem é mau. É inevitável.

Terceiro, a Constituição exige que o ministro tenha notório saber jurídico e reputação ilibada. Nenhum dos ataques pessoais ao candidato lhe retirou qualquer das condições. É advogado e jurista respeitado. Reputação ilibada. Isto é bom.

---

[*] Publicado no "Blog do Noblat" em 30 de abril de 2015.

Quarto, basta rever as indicações do passado, não apenas recente, mas de 40 anos atrás, ou até mais, para se constatar que rarissimamente a indicação é apolítica, técnica ou neutra. Isso é um mito, que o tempo acaba por desfazer. O ponto é saber se o ministro consegue ser independente diante de futuras pressões. Ninguém é independente diante de seu passado. Isto é central.

Quinto, o que conta para um país pluralista social, racial e ideologicamente é um Supremo que exprima tal pluralidade. E não um ou outro ministro isoladamente. Não se previa, mas esta pluralidade ficou ameaçada pela reeleição presidencial. E pelo resultado das urnas. Dezesseis anos de uma só coligação partidária. Era improvável, mas possível o que está ocorrendo agora. O eventual controle do Supremo por um só grupo político. Se assim for, há que se mudar o mandato dos ministros, diminuí-lo, ou acabar com a reeleição. Ou mudar ambos. Isto é necessário.

Nota

[1.] Ministro do Supremo desde junho de 2015.

FACHIN: HORA DA VERDADE*

No Supremo não deve ser o partidarismo do candidato aprovado que faz o cargo. Mas a independência do cargo que faz o ministro.

Em torno da indicação de Fachin, políticos, mídia e sociedade se debateram. Queremos a família tradicional ou a plurifamília de hoje? Aborto ou não? Em que condições? O fim social da propriedade? Que fim social é este? Ou seja, quem estava no centro do debate não era Fachin. Mas sim nós mesmos.

Na sociedade brasileira não se tem unanimidades. Fachin não foi, nem será a unanimidade que não existe.

Se na sabatina tentou sugerir conciliação entre posições antagônicas, no Supremo dificilmente poderá. Vai ter que escolher.

A sociedade saberá quem predomina em seus votos: o advogado politizado, o respeitado professor, o sabatinado conciliador, ou o ministro recém-chegado. Provavelmente os quatro. Cada um a seu tempo e em seu caso. O debate continuará.

Em poucos assuntos ele foi assertivo. É contra o aborto. Ministro tem que respeitar o prazo regimental do pedido de vista. A arbitragem no setor público é necessária.

Mas será nos assuntos políticos imediatos, que dizem respeito aos interesses do governo, do PT e da Presidente Dilma que terá sua hora da verdade. Sua independência será testada.

---

* Publicado no jornal *O Globo* em 20 de maio de 2015.

Como votará se lá chegarem questões de terceirização, de ajuste fiscal e da reforma política? Ao contrário do que se pensa, a independência política do Ministro do Supremo não se mede por sua postura ideológica do passado. Mas por seus votos do futuro. O passado informa o presente, mas necessariamente não conforma o futuro.

Quanto mais longe do Presidente que o indicou e do Senado que aprovou, quanto mais o tempo passa, mais o ministro tende a ficar independente. Quanto mais perto da aprovação, mais sua independência será pressionada pelos interesses que o elegeram.

No Supremo não deve ser o partidarismo do candidato aprovado que faz o cargo. Mas a independência do cargo que faz o ministro.

NEM NOTÁVEL SABER JURÍDICO, NEM REPUTAÇÃO ILIBADA*

Naquela época a Procuradora-Geral da República era leão de chácara do Supremo.

Assim o senador começou, na sabatina, a questionar o candidato ao Supremo. E foi mais longe. Disse ser necessário ter gosto pelo trabalho para ser Ministro do Supremo. Ou seja, o chamou de preguiçoso.

O candidato não se intimidou. Não fez por menos. Rebateu: "O senador deve desconhecer, mas a nossa animosidade vem de muito antes".

Evidentemente que não se trata da sabatina do Ministro Edson Fachin. Não se foia tão longe. Trata-se da sabatina do candidato Sepúlveda Pertence[1] em 1989, na mesma Comissão de Constituição e Justiça do Senado. Agora revelada em seu depoimento ao projeto de História Oral da FGV Direito Rio.[2]

Recordou dos tempos de movimento estudantil como dirigente da UNE e continuou:

> *Até um dos pesares que tenho, desta época de estudante, é que, estando na Europa, eu não pude comparecer ao enterro de Sua Excelência promovido pela UNE. Então não me espanta, talvez espante a Sua Excelência, tanta animosidade na sua pergunta, porque tem plena razão em não gostar de mim.*

---

* Publicado no site *Jota* em 26 de maio de 2015.

O senador que o questionava era Roberto Campos,[3] ex-ministro do governo militar.

Pertence fora aposentado do Ministério Público por decisão da Junta Militar, com base no AI-5. Roberto Campos era o todo-poderoso Ministro do Planejamento.

Estavam em campos políticos opostos. Muito opostos. Não espanta, pois, este diálogo. Previsível, pois eram adversários. Pertence não contemporizou. Nem buscou o voto de Campos. Enfrentou de frente. O passado o obrigava a tanto.

Quando Pertence fora Procurador-Geral da República no governo José Sarney,[4] Roberto Campos alegou a inconstitucionalidade da Lei de Informática que o Ministro Renato Archer[5] e Luciano Coutinho,[6] seu Secretário-Geral, tinham feito aprovar no Congresso.

Naquela época, o Procurador-Geral tinha o poder de encaminhar ou engavetar ações de inconstitucionalidade. Prevalecia, na Constituição de 1969, este dispositivo autoritário. O Procurador era uma espécie de leão de chácara do Supremo. Manietado. Só nele entrava, quem ele, Pertence, permitisse. Era o *gatekeeper*, como dizem os americanos. O segurança do Supremo, dir-se-ia hoje.

Foi período de tempos complexos. Um tempo de intervalos entre a redemocratização, que com a eleição de Tancredo Neves já caminhava, e a nova constitucionalização, que ainda não chegara. A realidade política já democratizante. As leis ainda autoritárias.

Havia, porém, um informal consenso, incluindo o Ministério da Justiça com Fernando Lyra,[7] do qual participavam Pertence, Marcelo Cerqueira,[8] José Paulo Cavalcanti,[9] Técio Lins e Silva,[10] Cristóvão Buarque,[11] eu, e tantos outros, de que não se usaria mais a legislação autoritária mesmo em vigor. Ou seja, Pertence teria que encaminhar a ação de inconstitucionalidade proposta por Campos.

Ocorre que Pertence era ideologicamente contra o pedido de Roberto Campos. Como encaminhar ao Supremo uma inconstitucionalidade da qual ele não estava convencido? Usar da legislação autoritária e barrar? A redemocratização teria de esperar? Xeque-mate.

Quase xeque-mate.

É bom não esquecer que Pertence é mestre das Minas Gerais. Sua solução, narrada no seu depoimentos à FGV, é aula de política mineira.

O que fez ele? Simplesmente encaminhou o pedido de inconstitucionalidade de Roberto Campos ao Supremo. Não usou da competência autoritária para lhe impedir acesso. Mas encaminhou com pequeno detalhe. Dizendo que ele era contra a própria inconstitucionalidade que solicitava! Paradoxo pertenciano.

Em suma. Temos ainda muito que aprender. Nada é óbvio, para um mineiro. Sobretudo, advogado mineiro.

Notas

[1.] Ministro do Supremo de 1989 a 2007.

[2.] Projeto de pesquisa da FGV Direito Rio, coordenado pelo professor Fernando Fontainha, que deu origem à série de livros História oral do Supremo Tribunal Federal, lançada em 2015, e disponível para download em <bibliotecadigital.fgv.br/dspace/handle/10438/13570>. Acesso em 2 jun. 2015.

[3.] Ministro do Planejamento de 1964 a 1967.

[4.] Presidente do Brasil de 1985 a 1990.

[5.] Ministro da Ciência e Tecnologia de 1985 a 1987.

[6.] Secretário-Geral do Ministério da Ciência e Tecnologia entre 1985 e 1988, no governo de José Sarney.

[7.] Ministro da Justiça, entre 1985 e 1986.

[8.] Deputado estadual de 1979 a 1983.

[9.] Jurista, foi Secretário-Geral do Ministério da Justiça e Ministro (interino) da Justiça.

[10.] Advogado criminalista.

[11.] Foi senador, Governador do Distrito federal de 1995 a 1999 e Ministro da Educação de 2003 a 2004.

2. OS RECENTES PRESIDENTES

O MANDATO DO PRESIDENTE*

Nada se compara à insegurança jurídica resultante de um mandato tão curto, de apenas dois anos, do Presidente do Supremo.

Não, não falo de eventual terceiro mandato do Presidente Lula. Essa discussão parece estar encerrada: não haverá! Falo do mandato do Presidente do Supremo Tribunal Federal, que é de apenas dois anos. Essa discussão parece estar começando.

Não somente porque o mandato do Presidente Gilmar Mendes já vai a mais de meio caminho e as atenções começam a se voltar para o Ministro Cezar Peluso, mas porque a sociedade já se pergunta se é realmente bom um mandato tão curto. Acredito que não. Argentina, México, Portugal, Itália, Canadá, Estados Unidos, Alemanha – ninguém tem mandato tão curto. Uns têm Presidentes vitalícios. A média é de pelo menos quatro anos. Ninguém com menos de três. Faz sentido.

Imaginem se o país mudasse de Presidente da República a cada dois anos. Se uma empresa como a Vale, se um Bradesco ou as Nações Unidas mudassem de comando a cada dois anos. O que aconteceria com o seu desempenho se nos últimos 50 anos cada instituição ou empresa tivesse tido 28 Presidentes, como os teve o Supremo? Mandatos tão curtos aumentam a probabilidade de descontinuidade administrativa e de insegurança jurídica.

---

* Publicado no jornal *Folha de S.Paulo* em 26 de julho de 2009.

O Presidente do Supremo tem poderes maiores e diferentes do que tinha quando era apenas ministro. Não pode estar apenas centrado nos processos, votos ou acórdãos.

Suas responsabilidades têm sido outras: definir a política de relacionamento com o Congresso e o Executivo, representar o Supremo diante da sociedade, liderar ou não o processo de modernização do Judiciário, influenciar ou não a tendência jurisprudencial. E por aí vamos. Responsabilidades de maior impacto.

É o Presidente quem, fundamentalmente, decide que processos entram na pauta e se devem ser julgados, quais não entram e se devem ser adiados. Controlar a pauta de julgamento do Supremo é ter um poder imenso; influencia a mídia, a relação entre os Poderes, as estratégias dos advogados e procuradores, as doutrinas da jurisprudência.

O Presidente é também a visibilidade maior do Poder Judiciário perante a nação. Quanto mais positiva a imagem, mais legítimas – muito além de legais – serão as decisões do próprio Supremo. Serão mais compreendidas e aceitas pelas partes e pela nação, sobretudo pela classe política e pelos juízes de instâncias inferiores.

O mito de que qualquer juiz decide apenas com sua consciência torna-se cada dia mais falso. Se é que verdadeiro o foi alguma vez. Um juiz decide com base na lei e a interpreta com sua consciência, atento às consequências. Atento ao que se passa não apenas nas ruas, nos escritórios, na Constituição como obra aberta, na imprensa, mas também na tribuna do Congresso, no índice macroeconômico, no déficit público, na violência urbana e na televisão. E, crescentemente, na internet.

Cada novo Presidente é natural, tem prioridades e estilo próprios.

Nelson Jobim, político, exerceu intensa negociação entre os Poderes, deu prioridade à reforma do Poder Judiciário, à criação do Conselho Nacional de Justiça, à aprovação da Emenda Constitucional nº 45.

Ellen Gracie, diplomática, deu prioridade à relação protocolar com os Poderes, à informatização do Judiciário e ao reforço da igualdade da mulher e do simbolismo do cargo.

Gilmar Mendes, polemista, ocupa o vácuo congressual e dá prioridade à área penal e a uma intensa e necessária modernização dos tribunais.

Nenhum dos três é oriundo da magistratura. Nem de São Paulo. Nelson Jobim, gaúcho, vem da política eleitoral. Ellen Gracie, carioca, da advocacia e do Ministério Público. Gilmar Mendes, mato-grossense, do Ministério Público e da Advocacia-Geral da União. Formações diferentes, personalidades diferentes, gestões diferentes.

O próximo Presidente, Cezar Peluso, paulista, tem origem na magistratura. Cauteloso, clássico, distante de partidos, não se pronuncia fora dos autos. Quais suas prioridades? O país não sabe ainda. Sabemos, no entanto, que nos influenciarão. E muito.

Fala-se bastante de insegurança jurídica, fruto de decisões contraditórias de juízes de primeira instância. Nada se compara, porém, à insegurança jurídica administrativa resultante de mandato tão curto e de comando tão poderoso do Presidente do Supremo, tensionado entre o efêmero desempenho individual e o acumulativo desempenho institucional.

Mandato maior que dois anos para os próximos Presidentes, a começar por Cezar Peluso, é, sem dúvida, garantia de maior segurança jurídica institucional e maior estabilidade para a democracia.

Montaigne dizia que a força de toda decisão reside no tempo. A força atual do Supremo ganharia com um Presidente com mais tempo.

A DIREÇÃO DOS TRIBUNAIS*

A hierarquia jurisdicional, a de dizer o direito, não implica a hierarquia administrativa, a de gerir os tribunais.

Assim como o mandato dos próximos Presidentes do Supremo deveria ser ampliado de dois para quatro anos,[1] os mandatos e a forma de escolha dos próximos Presidentes, Vice-Presidentes e Corregedores dos demais tribunais deveriam mudar também. Os mandatos atuais são de apenas dois anos e votar é direito exclusivo dos Desembargadores. Juízes de primeira instância não votam. Candidatos, só Desembargadores, e a prioridade é para os mais antigos.

São pelo menos três as boas razões para mudar.

A primeira é a necessidade de maior continuidade orçamentária e administrativa. Quando um Presidente de tribunal é eleito, ele assume, em geral, no meio do ano. Tem que executar um orçamento já a meio caminho de prioridades escolhidas por seu antecessor. Depois, faz seu próprio orçamento e o executa. Em seguida, prepara outro. Só que aí o mandato acabou. Quem vai executá-lo é seu sucessor. Ou seja, ele não consegue executar suas prioridades por não ter um orçamento para os dois anos de seu mandato.

Acresça-se a essa fragmentação orçamentária a mudança de cargos de confiança que quase sempre ocorre. Em geral, muda-se do diretor ao assessor de imprensa. Mudam-se os juízes auxiliares. Há descontinuidade, novas preferências, outras pessoas.

---

* Publicado no "Blog do Noblat" em 9 de setembro de 2009.

Começa-se tudo outra vez. Tudo sem tempo necessário, mas certo para acabar.

A segunda razão é a necessidade de se reduzir a disputa política entre grupos que integram um tribunal. Disputa por diretorias, cargos, influências. Não são disputas partidárias. Nem ideológicas. Nem por afinidades doutrinárias jurídicas. Legalistas contra principiologistas ou consequencialistas, por exemplo. Os grupos se fazem e desfazem por múltiplos motivos. O fato é que, pouco depois de o Presidente ser eleito, como o mandato é curto, a disputa pela sucessão logo começa.

Essa politização foi evidenciada no Conselho Nacional de Justiça. Lá, a principal demanda é contra a lentidão da Justiça, e advém dos advogados e das partes. A segunda demanda refere-se às reclamações sobre as eleições internas, os critérios de promoção, as remoções, as indicações etc., e advém dos próprios magistrados, o que é natural. O CNJ foi criado até mesmo para dirimir esses conflitos.

Alguns magistrados, Desembargadores estaduais, preferem, no entanto, um CNJ longe, ainda que frequentemente peçam ajuda ao Conselho para resolver disputas internas. Relação de amor e ódio.

A regra de eleger os mais antigos para a direção foi uma tentativa, igual à dos militares, de amortecer essas disputas. O que não tem se revelado eficaz. Concentra-se e radicaliza-se a disputa em torno dos mais antigos. E não raramente estimulam-se eleições plebiscitárias e campanhas políticas antecipadas.

Finalmente, a terceira razão é a necessidade de democratizar a gestão dos tribunais. A hierarquia jurisdicional faz com que as decisões da segunda instância prevaleçam sobre as da primeira, e isso é parte do estado democrático de direito, do devido processo legal e da hierarquia das normas. Decisão de ministro prevalece sobre decisão de Desembargador, que prevalece sobre decisão de juiz. Essa hierarquia não é distribuição de privilégios, e sim necessidade da legalidade.

Mas a hierarquia jurisdicional não implica a hierarquia administrativa nem a exclusão dos juízes de decisões sobre seus tribunais. Maior participação nos orçamentos, maior participação nas eleições e diversas formas de eleição direta são reinvindicações cada vez mais legítimas.

Nessa direção, o CNJ já tornou obrigatória a presença de representantes dos juízes nas discussões dos orçamentos e o acesso dos sindicatos de serventuários ao debate orçamentário. Em suma, as atuais regras de eleições, de mandatos e de participação nos tribunais estão prontas para serem aperfeiçoadas.

Nota

[1.] Sobre outras mudanças na Constituição do Supremo, ver a Proposta de Emenda à Constituição nº 342, de 2009, do Deputado Flávio Dino.

SOB ADMINISTRAÇÃO DE MINISTRO, SUPREMO VIVEU "FOGO E PAIXÃO" POPULAR*

Responsável pela agenda do tribunal, Peluso levou o Supremo a decidir pelo que a sociedade tem mais interesse.

Termina hoje o mandato do Ministro Cezar Peluso como Presidente do Supremo Tribunal Federal e do Conselho Nacional de Justiça. Sua gestão foi boa ou não? As respostas são múltiplas.

Muitos lembram os votos do ministro contra o aborto[1] de feto anencéfalo, a competência concorrente do CNJ[2] e a imediata aplicação da Ficha Limpa. Ou ainda o fato de ele colocar apenas as iniciais das partes e das vítimas nas ações e inquéritos penais com segredo de Justiça já decretado.

Esses votos contra, ele os teria dado de qualquer maneira como ministro, fosse Presidente ou não. Assim como deu votos a favor da união homoafetiva, da constitucionalidade do exame da Ordem dos Advogados do Brasil, da validade da Lei da Anistia e da condenação do primeiro parlamentar desde 1988 por crime de responsabilidade.

As iniciais nas ações penais não pretenderam ser uma censura de informação, como muitos viram, mas uma defesa da investigação complementar, no caso dos inquéritos, e da preservação do segredo de Justiça, no caso das ações.

É preciso separar o ministro e o Presidente do período de sua gestão. Focar menos na pessoa e mais em como ocorreram, sob Peluso,

---

* Publicado no jornal *Folha de S.Paulo* em 19 de abril de 2012.

as relações entre o Supremo e a sociedade, e a Corte com o Executivo e o Legislativo.

Nunca a sociedade esteve tão mobilizada em relação ao Supremo. Responsável pela agenda do tribunal, Peluso levou o Supremo a decidir pelo que a sociedade tem mais interesse. Nunca a Corte esteve tão no cotidiano dos cidadãos, despertou tanta raiva, fogo e paixão. A agenda do Supremo aproximou-se da pauta do povo. O Supremo é hoje tema de grande debate nacional. Foi um dos assuntos mais comentados na rede social Twitter.[3]

A Corte desperta esperanças. A ampla e difusa defesa que a sociedade fez do CNJ nas redes sociais, por exemplo, ouvida pelo Supremo, consolidou o Conselho. Debater o Supremo não é pressão indevida da sociedade, como alguns pensam. É participação democrática. Essa será uma marca do período de Peluso: a definitiva inclusão da opinião pública e da mobilização social no debate jurídico nacional.

Peluso não hesitou em defender os interesses da magistratura por aumento de vencimentos. Propôs à Presidente Dilma Rousseff novo Pacto pela Justiça. Propôs nova legislação restringindo os recursos processuais.

O Executivo não deu continuidade ao Pacto. O Congresso Nacional recusou o aumento. A Proposta de Emenda Constitucional está parada. Peluso perdeu?

Depende. Tomou iniciativas que lhe competiam. Respeitou as abstenções e as decisões contrárias dos outros Poderes. Não é assim, com respeito entre os três poderes, que se faz uma democracia?

Notas

[1.] Sobre o tema, ver ABRAMOVAY, P.V. "Análise sobre a constitucionalidade do tipo penal do aborto", *Observatório da Jurisdição Constitucional*, ano 2, 2008, p. 1.

[2.] No julgamento da ação que julgava a competência do CNJ (ADI nº 4.638), o Ministro Cezar Peluso defendeu que a Corregedoria do CNJ somente poderia investigar e abrir processo contra magistrados que já tivessem sido julgados por seu tribunal de origem. O ministro foi voto vencido.

3. Em 2010, quatro Ministros do Supremo – Cezar Peluso, Ricardo Lewandowski, Cármen Lúcia e Ayres Britto – foram *trending topic* (a expressão mais utilizada no Twitter) quando julgaram o pedido de José Roberto Arruda para ser solto da prisão provisória. Disponível em <ladyrasta.com.br/2010/03/05/e-no-bbb-do-stfarruda-%20fi%20ca/>. Acesso em 17 out. 2014.

A HERANÇA DE AYRES BRITTO*

É possível que um Ministro do Supremo receba por ano mais processos para julgar do que um juiz de primeira instância ou um desembargador?

As heranças são muitas. Gostaria de sublinhar uma. Na Igreja de São Francisco, em Salvador, Bahia, está escrito, nos azulejos do século XVIII: "O começo é a metade de tudo." Colocar em pauta o julgamento do Mensalão foi o início, o meio e o fim.

Ayres Britto selecionou o importante, em um Supremo afogado em processos de irrelevantíssimos a relevantíssimos. Soube escolher. O drama da escolha é o abandono dos outros caminhos. É a coragem do abandonar.

O nosso Supremo foi se concedendo, e o Brasil a ele, tantas competências, que, em vez de ficar forte e saudável, ficou doente e inchou, diria Gilberto Freyre. Outro Gilberto, o Amado, sergipano como Ayres Britto, dizia que "querer ser mais do que se é, é ser menos".

Os dados gritam. Mas o Supremo não os ouve, nem enfrenta a patologia institucional. Cezar Peluso diagnosticou a doença e tentou reduzir os recursos. Não conseguiu. São muitos os sintomas desse inchaço, que não passou com os remédios da súmula vinculante nem com a repercussão geral. O Supremo concede mais repercussão geral do que as julga. Causa um congestionamento, diria Nelson Jobim, da dimensão de uma via marginal paulista. Aumenta a insegurança.

---

* Publicado no jornal *O Globo* em 14 de novembro de 2012.

Os recém-divulgados dados do Justiça em Números, do CNJ, vão na mesma direção.[1] É possível que um Ministro do Supremo receba por ano mais processos do que um juiz de primeira instância ou um Desembargador? É normal? É desejável? Pois é, mas recebe.

Nem se diga que os processos pouco exigem dos ministros. Exigem uma enormidade de assessores, salas, despesas gerais. Como divulgado, com mais de 2.500 processos decididos, os ministros não conseguem nem redigir os acórdãos.[2] Enquanto isso, tudo para. A decisão do Supremo, de tão sólida, desmancha-se no ar nas impossibilidades físicas. Insegurança outra vez.

Sem falar nos pedidos de vista, que raramente os ministros devolvem no prazo.[3] Ficam adiando, tornando natural o excepcional atraso e a lentidão, causando prejuízo às partes, adiando o estado democrático de direito.

Diante disso tudo, Ayres deve ter feito sua meditação matinal e sintonizou com a pauta brasileira. Junto com Joaquim Barbosa, não sucumbiu aos argumentos de que o Mensalão iria interferir nas eleições municipais, prejudicando o PT.[4] Não prejudicou. Decidiu decidir, colocou em pauta a ação para um Brasil quase incrédulo.

Não foi Presidente de apenas um processo. Mesmo que fosse, nunca o Supremo esteve tão fortalecido com um só processo. Saber escolher e ser pouco é sua herança para Joaquim Barbosa. Ser um, às vezes, é melhor do que ser muitos, e nenhum.

Notas

[1.] Justiça em Números é um programa do CNJ que apresenta os resultados estatísticos de todos os tribunais do Brasil, com exceção do Supremo. Seus relatórios anuais estão disponíveis em <www.cnj.jus.br/programas-e-acoes/pj-justica-em-numeros/relatorios>. Acesso em 31 mar. 2015.

[2.] Ver HARTMANN, Ivar. "Votos dos ministros só terão força legal quando acórdão for publicado", *O Globo*, 11 nov. 2012. Disponível em <oglobo.globo.com/brasil/votos-dos-ministros-so-terao-forca-legal-quando-acordao-for-publicado-6701015>. Acesso em 19 out. 2014.

[3.] No artigo "O sucesso do STF, os problemas do STF", publicado no jornal *Folha de S.Paulo* em 16 de dezembro de 2012, Ivar Hartmann mostra a quantidade de vistas pedidas pelos ministros do Supremo desde 1988 e o tempo que esses processos ficaram parados em razão desses pedidos. Disponível em <www1.folha.uol.com.br/opiniao/2012/12/1202005-tendenciasdebates-o-sucesso-do-stf-os-problemas-do-stf.shtml>. Acesso em 19 out. 2014.

4. Realizadas em outubro de 2012.

ESTRATÉGIA NO MENSALÃO E DENÚNCIA DE RACISMO MARCAM ATUAÇÃO DE BARBOSA*

Conduziu o Supremo com mão de ferro e obsessão casmurra. Na vida pública, é seco. Não se comunica por adjetivos, mas por atitudes.

A presidência de Joaquim Barbosa no Supremo foi marcada por três questões principais: sua estratégia no Mensalão, sua denúncia do racismo e sua maneira de conduzir o tribunal.

Raymundo Faoro[1] dizia que estratégia não é apenas usar com eficiência os meios de que se dispõe para atingir os fins que se persegue. É também usar seus meios para impedir que os adversários atinjam fins opostos.

A estratégia jurídica de Joaquim Barbosa no Mensalão a todos espantou. Como toda boa estratégia, que nunca se anuncia, ela só ficou evidente depois. Manteve o julgamento no Supremo. Dividiu os acusados em grupos. Pareceu conhecer as 60 mil páginas melhor do que seus colegas. Capitalizou essa vantagem. Inovou nas doutrinas. Opôs a visão do todo aos advogados de cada réu. Focou em colocar na prisão. Dispensou as condenações sem pena. Evitou prescrições. Venceu.

Não foram poucos os que, antes de ele ser Presidente, diziam que o ministro não gostava de trabalhar, que não estava preparado para o cargo e que não conhecia o direito. Diriam hoje?

Denunciou como falta de honestidade intelectual os que acreditam que o Brasil não é racista. Se Lula o escolheu pelo regime de

---

* Publicado no jornal *Folha de S.Paulo* em 30 de maio de 2014.

cotas, ele optou por não ser cota. Quando Lula o convidou para ir à África na comitiva presidencial, o que nunca antes fizera com nenhum Presidente do Supremo, recusou o convite. Não se prestaria a marketing racial global.

Conduziu o Supremo com mão de ferro e obsessão casmurra. Na vida pública, é seco. Não se comunica por adjetivos, mas por atitudes.

Diálogo não houve com as associações de classe dos magistrados. Contrariou colegas. Muito agiu unilateralmente. Por detrás dessas atitudes estaria a convicção de que a cordialidade do brasileiro é uma tática de conciliação dos poderosos. Não é homem de diplomacia e negociações. Evidenciou.

Algumas vezes, o cargo é maior do que a personalidade de quem o ocupa. Outras, a personalidade é maior do que o cargo. E no caso de Joaquim Barbosa? Saiu do Supremo e entrou para a história?

Nota

[1.] Raymundo Faoro (1925-2003), jurista, sociólogo, historiador, autor do livro *Os donos do poder*, foi Presidente da OAB de 1977 a 1979.

BARBOSA CONTRA O MARKETING DA CORDIALIDADE RACIAL*

Mudar uma lei é mais fácil do que mudar uma cultura.

O advogado Luiz Fernando Pacheco reagiu à notícia de que Barbosa estaria deixando o Supremo dizendo que seria "o fim de uma noite escura". Trata-se de analogia que muitos vão perceber como racista e desrespeitosa. O advogado foi entrevistado no exercício da profissão como representante do ex-Congressista José Genoino.[1]

Desrespeitosa não somente ao Presidente do Supremo Tribunal Federal em pleno exercício do cargo, mas também ao primeiro negro Presidente de um tribunal supremo nos países democráticos do Ocidente.

Desrespeitosa a um cidadão que, sem ser candidato nem ter vinculação com partidos políticos, teria espontaneamente por volta de 20% das intenções de votos dos brasileiros à Presidência da República. Fato inédito na política brasileira.

Paradoxalmente, o advogado parece confirmar e dar razão a Joaquim Barbosa. "É falta de honestidade intelectual dizer que o Brasil já se livrou dessas marcas (o racismo)", afirmou Barbosa recentemente em entrevista a Roberto D'Ávila na Rede Globo.[2]

Aumentar a pluralidade racial e cultural nos supremos tribunais não é desafio somente no Brasil. Estados Unidos e Israel, para ficarmos em apenas dois países, têm desafio igual.

---

*   Publicado no site *Brasil Post* em 2 de junho de 2014.

Se o Presidente Lula indicou Barbosa no contexto de uma política de ação afirmativa para o Supremo – no qual estão mulheres, judeus, católicos e outros brasileiros de origens diversas –, Barbosa sempre se recusou a ser apenas ação afirmativa.

No famoso julgamento sobre a constitucionalidade da lei de cotas para o acesso ao ensino universitário, acompanhou o voto do Ministro Ricardo Lewandowski. O resultado foi unânime. A questão das cotas lhe parecia bem consolidada; o desafio seria maior: denunciar uma discriminação culturalmente difusa.

Quando Lula o convidou para integrar a comitiva presidencial que iria à África, o que nunca antes fizera com um Presidente do Supremo, Barbosa recusou, pois não queria participar de uma estratégia de marketing da cordialidade racial.

Se a cor da pele ainda é uma barreira para milhões de brasileiros, essa barreira parece que começa a ser posta abaixo. Barbosa é sinalizador. Sempre enfatizou quão importante é para qualquer um, de qualquer raça, conquistar e aproveitar as oportunidades que a vida lhes coloca.

Investiu numa educação séria. Formou-se no Brasil e na Sorbonne, na França. Evitou, como disse, cursinhos domésticos, tão em moda hoje em dia. Entendeu a educação como via privilegiada de ascensão social.

O Brasil parece tentar hoje caminhos próprios para combater as discriminações. Tem simultaneamente uma mulher de ascendência branca europeia na Presidência da República e um negro de ascendência africana na presidência do Supremo, conjugação inédita nos países do Ocidente.

Ambos tendo percorrido caminhos diferenciados. Ambos agarrando e criando oportunidades. Ambos fortemente influenciando um imaginário popular em favor de mudança cultural antidiscriminatória. Tarefa maior.

Mudar uma lei é mais fácil do que mudar uma cultura.

Notas

[1.] José Genoino foi um dos condenados na Ação Penal nº 470 (Mensalão), de relatoria do Ministro Joaquim Barbosa, que votara por sua condenação e pela da maior parte dos réus acusados.

[2.] Entrevista concedida ao programa Roberto D'Ávila em 23 de março de 2014 na GloboNews.

3. COMO O SUPREMO DECIDE

A CONSCIÊNCIA DO MINISTRO DO SUPREMO*

O que leva um juiz, diante de duas argumentações diferentes, ambas com base na lei, a optar por uma e não por outra?

Diante do empate,[1] o Ministro Octávio Gallotti[2] declarou que os ministros haviam tomado uma decisão jurídica, de acordo com suas consciências, e que nada tinham a justificar fora dos autos.

Essa declaração esconde muito mais do que revela. Confunde muito mais do que esclarece.

Fosse qualquer outro o resultado – contra ou a favor de Collor –, o ministro faria declaração igual. E o que explica tudo explica pouco. No entanto, essa declaração explicita uma concepção muito comum entre os juízes sobre o ato de julgar.

O que o Brasil pergunta, e perguntar não ofende, é: o que leva um juiz, diante de duas argumentações, ambas com base na lei, a optar por uma e não por outra? Pró ou contra Collor? Ser baseada em lei é condição necessária mas não suficiente para qualquer decisão do Supremo.

As razões da preferência diante de duas argumentações juridicamente válidas, em geral, não estão nos autos. Tanto que o Ministro Gallotti saiu do jurídico, dos autos, e nos remeteu à sua consciência. De lá, o ministro poderia nos remeter a lugar nenhum, e usar da retórica para encerrar a conversa, ou nos convidar a bater à porta de sua consciência, entrar e conhecê-la melhor. Entremos, pois. Com licença.

---

* Publicado no jornal *Folha de S.Paulo* em 16 de dezembro de 1993.

Os americanos, ao escolherem um Ministro do Supremo, querem saber até se ele assediou sexualmente colegas de trabalho. Como o Ministro Gallotti, eles também dão imenso valor à consciência de um juiz. Sabem que ali se cunham os parâmetros que mais tarde se vestem de roupagem jurídica e moldam a nação.

Para os americanos, que estão construindo os novos direitos da mulher, importa conhecer a consciência sexual de seus juízes. Para nós, construindo um novo regime, importa conhecer a consciência democrática de nossos juízes.

Aí a consciência dos juízes, como a de todos os brasileiros, está influenciada por duas experiências recentes.

Uma delas é o autoritarismo, com o Executivo se sobrepondo ao Judiciário e ao Legislativo, e o Estado se sobrepondo à maioria da sociedade. E, por consequência, preferindo juízes com duas características básicas. Primeiro, que considerassem o impacto social de suas decisões como matéria não pertinente ao juiz, característica que preenche a necessidade de o Estado se sobrepor à maioria da sociedade. Segundo, que, diante da lei, o juiz fosse um tecnocrata, apenas o porta-voz do legislador, característica que preenche a necessidade de o Executivo (que impôs a lei ao Legislativo) se sobrepor também ao Judiciário: subpoder.

A outra experiência é a da construção da democracia, que busca o equilíbrio entre o Executivo, o Judiciário e o Legislativo. E o Estado que expressa, e não subjuga, a sociedade. E, por consequência, juízes não isolados do sentimento de justiça do povo brasileiro e que, diante de argumentações jurídicas concorrentes, avaliem seu impacto para a construção da democracia.

No passado, quando um juiz declarava que decidira com base na lei e na sua consciência, ele, de fato, encerrava a conversa. Nada mais a declarar. A independência do Judiciário garantia esse final. Hoje não é mais assim. A evolução da ciência jurídica mostra que vários fatores, além da lei, interferem na sentença: a personalidade, a cultura, o sexo etc. Por mais que se esforce, o juiz traduz na sentença suas preferências extralegais.

A independência do Judiciário não é um fim em si mesmo. É apenas um meio de realizar a democracia. Não é um cheque ao portador. É nominal. Pague-se à democracia. Quando não é assim, instaura-se a ditadura do Judiciário.

Finalmente, Supremo nenhum é uma ilha. Queiram ou não os juízes, a sociedade avalia e julga o impacto social de suas sentenças. O brasileiro está julgando agora o impacto da decisão do Supremo para a punição da corrupção, a volta da ética na vida pública e a consolidação da democracia a partir das duas experiências: o autoritarismo e a redemocratização.

A consciência de um juiz e a independência do Judiciário não devem ser usadas como um fim em si mesmo, a favor de uma imunidade alimentada pela vitaliciedade e de uma solidão alimentada por Brasília. Quando isso ocorre, a sociedade radicaliza e reage: desde o descrédito do Supremo até propostas para acabar com sua independência. Aí todos perdem: o Supremo, a democracia e o Brasil.

O desafio do juiz na modernidade é, com base na lei, e sem perder a independência e a liberdade, sintonizar sua consciência com os ideais democráticos que existem na consciência dos brasileiros. Em nome de quem, aliás, o Supremo faz justiça.

Notas

[1] Empate ocorrido em 1993, quando o Supremo julgou o ex-Presidente Collor de Mello. Após ter seu mandato cassado pelo Senado, Collor ingressou no Supremo com Mandado de Segurança para reaver seus direitos políticos, pois havia renunciado antes da decisão do Senado. Houve empate entre os oito ministros presentes no Supremo (MS nº 21.589).

[2] Ministro do Supremo de 1984 a 2000.

O SUPREMO E A MENTIRA*

A verdade é que o juiz é um cidadão, com crenças, convicções, tendências conscientes e inconscientes. Muitas vezes está tudo dentro da sentença.

O Judiciário está mudando com a mesma intensidade com que está sendo criticado. A mudança ainda não está presente nos resultados, mas já é perceptível nas atitudes de seus novos líderes. No Rio de Janeiro, o novo Presidente do Tribunal de Justiça, Desembargador Gama Malcher,[1] estabelece metas quantitativas a serem mensalmente cumpridas pelos juízes. Em Brasília, o Ministro Carlos Mário Velloso[2] informatiza a Justiça Eleitoral e convoca juristas para propor um novo Código Eleitoral.

Mudança maior, porém, vem do novo Presidente do Supremo Tribunal Federal, Ministro Sepúlveda Pertence,[3] que afirmou: "Desde que se superou a mentira de que um juiz, particularmente um juiz constitucional, é um puro técnico capaz de extrair uma norma supostamente de um único sentido válido de um fato, desde que essa ilusão foi desfeita, a verdade é que o juiz é um homem, enquanto cidadão, com crenças, convicções, tendências conscientes e inconscientes. Muitas vezes está inteiro dentro de uma decisão. Então é óbvio que não se julga na lua."

Pertence revela uma das principais causas da crise da Justiça: a mentira técnico-jurídica que, nas últimas décadas, pretendeu moldar o desempenho de juízes e advogados. Mentira sedutora, pois

---

* Publicado no jornal *Folha de S.Paulo* em 7 de junho de 1995.

transformava os juízes em descobridores exclusivos "do único sentido válido de um fato".

Detentores exclusivos da razão, suas sentenças seriam lógicas, por definição, acima do tempo e das circunstâncias. Atemporais. Mais do que independentes, os juízes ficaram inatingíveis, longe de erro e correção. Com sentenças que se pretendiam extraterrestres.

Mas vem agora Pertence, com modéstia mineira e autoridade tríplice de líder de advogados, procuradores e juízes, e diz: "Somos brasileiros de classe média, em determinado tempo e situação. É inequívoco que todo esse condicionamento, no tempo e no espaço, influi muitas vezes até inconscientemente." E abre portas para uma doutrina jurídica mais realista e democrática.

A principal consequência da mentira foi confundir a razão de ser dos juízes. Como lembra o Ministro Stephen Breyer, da Suprema Corte americana, o juiz inexiste por si só. Ele apenas representa o detentor do poder originário de julgar: o povo. A autoridade do juiz não reside apenas na lei. Esta é condição necessária, porém insuficiente. A autoridade reside no poder de interpretar a lei em nome do povo. Reside na representação que detém.

Numa democracia, o poder constituinte originário não reside no Congresso, e sim no povo. O poder originário de gestão da coisa pública não reside no Presidente da República, mas no povo. Assim também o poder originário de julgar é do povo. O juiz o exerce em seu nome. Mandante é o povo; juiz é mandatário. Quando os papéis se invertem, a democracia sofre.

Outra consequência foi a seguinte: acreditando-se na existência do puro técnico, verificar se a Justiça implementada estava de acordo com o que o povo desejava era tarefa dispensável. Isso era automático, pois como existia "o único sentido do fato", bastava descobri-lo. No entanto, como esse único sentido é mentira, muitas vezes os juízes foram para um lado e o povo para o outro. Distanciaram-se, mandatários de mandantes, representantes de representados.

A reação veio com propostas de controle do Judiciário[4] que não resultaram de disputa entre o Judiciário, o Executivo e o Legislativo. A origem não é um problema de separação de Poderes, mas de representação democrática. Como o representado, o povo, pode exigir que o representante, o Judiciário, cumpra o mandato, faça justiça, de acordo com seu sentimento de justiça? Como fazer a prestação de contas?

Não radicalize as posições, caro leitor. Não se propõe dispensar o juiz de racionalidade e independência. Não é isso. Propõe-se apenas retomar o ato de julgar como o compromisso básico que nas democracias honra os juízes. O compromisso entre a busca de uma racionalidade forjada na consciência independente do juiz e seu dever de concretizar os anseios de justiça do povo. O compromisso entre a independência individual e a vontade coletiva. Entre a razão e a circunstância. Entre o representante e o representado.

Substituir aquela mentira por esse compromisso é mudança maior, capaz de moldar o Judiciário de que o Brasil necessita.

Notas

[1.] José Lisboa da Gama Malcher, Presidente do Tribunal de Justiça do Estado do Rio de Janeiro de 1995 a 1996.

[2.] Ministro do Supremo de 1990 a 2006.

[3.] Ministro do Supremo de 1989 a 2007.

[4.] Sobre esse tema, ver MACHADO, M.B. *Raízes do controle externo do Judiciário*. Disponível em <www.casaruibarbosa.gov.br/dados/DOC/artigos/k-n/FCRB_MarioBrockmannMachado_Raizes_controle_externo_judiciario.pdf>. Acesso em 19 out. 2014.

A PAUTA DO SUPREMO*

O momento crucial é quando o Supremo decide quais casos vai julgar e quais não vai, quando decide o que vai decidir.

Existe um momento fundamental na vida dos brasileiros, das empresas e dos governos, cuja própria existência raramente é reconhecida, pois dificilmente é valorizado e, em geral, passa em brancas nuvens. Trata-se do momento em que o Supremo Tribunal Federal determina que casos vai julgar e quais não. Quando decide o que vai decidir e a pauta do dia da sessão de julgamento.

Esse é um momento crucial. É quando o Judiciário deixa de ser órgão passivo, que não pode tomar iniciativas a não ser quando provocado. Deixa de apenas reagir e começa a agir.

Diante de milhares de processos aguardando a vez, o Supremo seleciona, escolhe e valoriza o que é importante decidir. Revela aí suas prioridades e urgências. Decide sua pauta, que pode, então, encontrar ou desencontrar a pauta do povo. E quem a determina é o Presidente.

A decisão sobre a pauta não é processo mecânico, aleatório nem desprovido de significados. É escolha política. Quais os critérios dessa escolha? Quais seus objetivos e repercussões? É nesse momento que podemos falar, saudavelmente, de uma política judicial.

A hora de fazer essas escolhas é sempre no início do ano judicial. Gostaríamos, então, com a devida licença, de sugerir um tema, tão

---

* Publicado no jornal *Folha de S.Paulo* em 27 de janeiro de 2008.

ou mais importante que qualquer outro, como legislação eleitoral, Mensalão, ou processos fiscais.

Trata-se da própria existência do Judiciário como um todo, da sua capacidade de tomar decisões no tempo requerido pelos conflitos sociais. Diz respeito à eficácia da Justiça, pois sem eficácia inexiste legitimidade. E sem legitimidade é difícil uma instituição obter o indispensável apoio para implementar suas decisões.

O tema é óbvio, portanto: como a pauta do Supremo pode contribuir para uma Justiça mais ágil, rápida e eficiente? Como pode combater a lentidão? A meta é fácil: incluir como prioridade da pauta os julgamentos que, provavelmente, possam reduzir os incidentes processuais, diminuir os inumeráveis recursos e encurtar a duração dos processos. São três os mecanismos à disposição do Supremo.

O primeiro lhe foi concedido recentemente pelo Congresso, através da Emenda Constitucional nº 45, de 2004: as súmulas vinculantes.[1]

Até agora, o Supremo estabeleceu apenas 36 súmulas.[2] Seria conveniente, para desafogar o próprio Supremo, acelerar sua produção e focalizar questões de direito processual. Controlar o abuso de recursos. As súmulas são fundamentais e destinam-se a conter a multiplicação de processos. Como a grande maioria dos processos que chega ao Supremo diz respeito aos interesses do Poder Executivo, e como as súmulas vinculam as Procuradorias à Advocacia-Geral da União, elas contribuiriam no esforço que já vem sendo iniciado de coibir, na origem, processos desnecessários.

O segundo mecanismo também foi forjado pelo Congresso pela EC nº 45: constitucionalizou-se, como direito fundamental, o direito ao prazo razoável do processo.[3] A norma, portanto, já existe. Falta agora uma vigorosa cultura judicial e doutrinária, uma política pública de administração da Justiça para a sua implementação. Falta espaço para uma liderança doutrinária didática do Supremo e para o estabelecimento de critérios, limites e possibilidades de aplicação.

Finalmente, o terceiro mecanismo foi criado há décadas pelo próprio Código de Processo Civil e precisa ser mais utilizado. É o caminho privilegiado de autodefesa dos juízes de primeira instância e, sobretudo, do Superior Tribunal de Justiça, diante de uma centena de processos que cada ministro recebe por dia para julgar.

Trata-se de o Supremo priorizar casos que digam respeito à litigância de má-fé e à lide temerária, dois institutos fundamentais e subutilizados pela magistratura. Basta ver sua diminuta jurisprudência. No momento em que os tribunais e o Supremo agilizarem as multas e penas previstas na legislação, agilizarão a Justiça também.

Quando o Ministro Jobim, em visita à Suprema Corte americana, informou à Ministra Sandra O'Connors que nosso Supremo analisava cerca de 100 mil processos por ano, a ministra foi incisiva: "Não faça isso, Presidente. Não faça isso. O Estado democrático não necessita de mais do que duas decisões sobre qualquer caso."[4] O nosso direito processual precisa, urgentemente, de uma atualização democrática. Escapar dos interesses excessiva e falsamente individualizantes, de poucos, em favor dos interesses de uma Justiça ágil e de amplo acesso, de todos. A pauta do Supremo pode colaborar nessa tarefa.

Notas

[1] Súmula vinculante é uma decisão tomada pela maioria dos Ministros do Supremo sobre uma matéria em Direito que obriga que todo juiz brasileiro, ao tratar aquela mesma matéria, tenha que decidir da mesma maneira que o Supremo. Sobre a elaboração das súmulas vinculantes, ver COIRO, A.L. "Aos Ministros, tudo? Uma análise da aplicação dos requisitos constitucionais na elaboração de súmulas vinculantes", *RDE - Revista de Direito do Estado*, vol. 24, 2012, p. 159-202.

[2] Até janeiro de 2008, quando o artigo foi publicado, eram somente três súmulas vinculantes. Passados sete anos, em julho de 2015 o Supremo já conta com 48 súmulas vinculantes.

[3] Esse direito agora está previsto no artigo 5º, LXXVIII, da Constituição Federal: "a todos, no âmbito judicial e administrativo, são assegurados a razoável duração do processo e os meios que garantam a celeridade de sua tramitação."

[4] Sandra O'Connors foi a primeira mulher a ocupar o cargo de Ministra da Suprema Corte americana, de 1981 a 2006.

EMPATIAS E CONSEQUENCIALISMOS*

Todas as decisões do Supremo têm macroconsequências políticas, econômicas e sociais muito além do impacto restrito às partes.

Na discussão entre Gilmar Mendes e Joaquim Barbosa[1] esteve latente um debate institucional da maior importância, muito além das diferenças de temperamento e comportamento. E que foi pouco valorizado. O espetáculo midiático obscureceu as possibilidades institucionais em jogo.

"Eu sou atento às consequências das minhas decisões!", disse Joaquim Barbosa. "Todos nós somos!", respondeu Mendes.

Essa aparente concordância retórica encobre um necessário debate. Na verdade, o mundo judicial, aqui e alhures, está dividido entre consequencialistas e formalistas. Nos Estados Unidos também.

O Juiz David Souter,[2] da Suprema Corte americana, anunciou a decisão de se aposentar. O Presidente Barack Obama, logo em seguida, disse que, ao escolher o sucessor, levará em conta que "a decisão judicial não é apenas uma questão de teorias jurídicas abstratas e de notas de rodapé em manuais de direito. Ela tem a ver com as consequências práticas para o cotidiano do povo". Nas consequências práticas residem a força e a importância histórica da Suprema Corte. Residem, aliás, não apenas o seu poder mas a legitimidade – a empatia social – de seu poder.

---

*   Publicado na *Folha de S.Paulo* em 24 de maio de 2009.

Todas as decisões de um Supremo, daqui e dacolá, têm macroconsequências políticas, econômicas e sociais. É óbvio. Nem por isso todos os magistrados são necessariamente consequencialistas.[3] Dependerá do peso relativo que cada um concederá às "consequências sociais" diante de outros fatores que também interferem nas decisões.

Os formalistas, por exemplo, dão mais valor à coerência formal de suas decisões em relação ao texto da lei. É como se as consequências práticas da sentença não fossem de sua alçada. Como se partissem de um certo autismo social. Essa posição é cada vez mais minoritária, aqui e no mundo. No fundo, esse debate sobre como interpretar a lei tem muito a ver com a natureza da separação dos Poderes na democracia.

Em 1987, Robert Bork,[4] indicado à Suprema Corte por Ronald Reagan, foi recusado pelo Legislativo. Bork complicou-se ao responder à seguinte pergunta no Senado: "Entre a justiça e a lei, qual o senhor prefere?" Bork não hesitou: "A lei."

Foi o suficiente para que senadores argumentassem que queriam alguém que valorizasse a jurisprudência como instrumento de poder da Suprema Corte. Que não fosse mero leitor das leis feitas pelo Congresso – pois assim o Poder Judiciário não teria poder real, já que dependeria do Legislativo. Queriam alguém que zelasse pela justiça – que, às vezes, não se confunde com a lei. Queriam três Poderes simétricos.

No Brasil do regime autoritário, prevaleceram os formalistas, que aplicavam as leis literalmente – sobretudo em matérias de políticas públicas e segurança nacional. Maneira sutil de o Executivo impor o apoio a desejadas consequências políticas. Como o Congresso era controlado pelo Executivo, pretendia-se que o Judiciário dependesse do Congresso. Dependência em cascata.

Naqueles anos, a manifestação formalista radical das leis – de boa-fé para uns, nem tanto para outros – foi, muitas vezes, instrumental para a supremacia do Executivo. Impediu, inclusive, o debate sobre as liberdades, que começou na mídia e nas ruas. A separação dos Poderes foi assimétrica.

Nem se pense que consequencialismo e empatia são estratégias da esquerda – e, portanto, de Obama, Joaquim Barbosa e Lula –, e formalismo e originalismo são estratégias da direita – de Mendes e Fernando Henrique Cardoso, ou ainda de Justice Antonin Scalia,[5] da Suprema Corte americana, que na semana passada defendeu essas posições na FGV Direito Rio.

Essa dicotomia é simplista. Basta atentar para a iniciativa do Banco Central em ser *amicus curiae* no julgamento pelo Supremo da ADPF nº 165, na qual se discute a constitucionalidade dos planos econômicos (Cruzado, Bresser, Verão, Collor 1 e Collor 2) quanto às diferenças de correção de cadernetas de poupança. Está claro que o Banco Central se preocupa com as consequências para o sistema bancário da futura decisão do Supremo. E dificilmente diríamos que o consequencialista Henrique Meirelles é de esquerda.

O fato é que decisões do Supremo provocam impactos diferentes em segmentos sociais diferentes – por renda, educação, sexo, religião, ideologia etc. Não são para todos em partes iguais. Toda decisão judicial traz consequências para além das partes. É uma inevitabilidade. Aclará-las é uma responsabilidade do juiz e atinge a legitimação do próprio tribunal.

O Brasil é um país de sínteses e soluções improváveis. Qual a dose exata entre o respeito à letra da lei e a empatia que queremos com as ruas? Ou seja, qual a dose exata de simetria – harmonia e competição – que queremos entre os Poderes? Esse debate institucional interessa ao país. Deixemos o embate de temperamentos. Debater os rumos das instituições é preciso.

Notas

[1.] Os dois Ministros do Supremo discutiram, ao vivo, durante o julgamento ocorrido em abril de 2009. A reportagem sobre a discussão e parte dela está disponível em <www.youtube.com/watch?v=3ITkaUS_KBA>. Acesso em 19 out. 2014.

[2.] Ministro da Suprema Corte dos Estados Unidos de 1990 a 2009.

[3.] Sobre a forma de decisão, ver LEAL, Fernando A.R. "Todos os casos jurídicos são difíceis? Sobre as relações entre efetividade, estabilidade e teorias da decisão constitucional", *RDE - Revista de Direito do Estado*, vol. 16, 2010, p. 87-116.

[4.] Robert Bork foi um jurista americano, professor da Faculdade de Direito de Yale, Advogado-Geral da União, Procurador-Geral e Desembargador da Corte de Apelação Federal de Columbia. Foi indicado para a Suprema Corte dos Estados Unidos, mas sua indicação foi rejeitada pelo Senado.

[5.] Ministro da Suprema Corte dos Estados Unidos e um dos principais expoentes na Corte da corrente originalista, que busca interpretar a Constituição conforme a vontade dos constituintes, na época em que a Constituição foi feita.

O SUPREMO, O GOVERNO E O MONOPÓLIO POSTAL*

Ministros do Supremo devem receber interessados quando o julgamento já começou? Quando alguns ministros já votaram? Quando o resultado já se adivinha?

Nesta semana o Supremo manteve o monopólio dos Correios. Independentemente do mérito dessa decisão, um aspecto chama a atenção. É o seguinte. A sessão começou na segunda-feira e o resultado estava em empate: cinco ministros a favor e cinco contra. O processo decisório que estava em curso foi, então, suspenso.

Tudo apontava para a confirmação do empate, o que complicaria o processo decisório. A sessão recomeçou na quarta-feira e o governo ganhou: seis a quatro.

O relevante é o Ministro das Comunicações, Hélio Costa, na terça-feira ter tido encontro no próprio Supremo para defender o monopólio.[1] E alertar os julgadores para possíveis graves consequências econômicas e políticas se o monopólio fosse quebrado.

Ora, quem fala em nome do governo junto ao Supremo não é o Ministro das Comunicações. É o Advogado-Geral da União. E essa manifestação tem de ser dentro das regras previstas pelo direito processual, para assegurar a igualdade entre as partes em litígio, para assegurar o que a Constituição chama de "devido processo legal". A questão então é: Ministros do Supremo devem receber interessados quando o julgamento já começou? Quando alguns ministros já votaram? Quando o resultado já se adivinha?

---

* Publicado no jornal *Folha de S.Paulo* em 8 de agosto de 2009.

Trata-se de questão fundamental, se não para a legalidade, pelo menos para a legitimidade do encontro. Aliás, encontro público, transparente e divulgado no site do Supremo. Nenhuma escuridão. Nada de conspiração.

Pesquisa da Fundação Getulio Vargas de 2009 aponta para um possível déficit de imparcialidade do Judiciário, na opinião dos brasileiros. Cerca de 63% acreditam que o Judiciário se deixa influenciar pela mídia, por empresários e políticos. Os próprios magistrados, quando questionados sobre a imparcialidade dos tribunais em pesquisa da Associação dos Magistrados Brasileiros de 2005, consideram a do Supremo apenas 28% boa, contra 31% ruim.[2]

Na democracia, além de ser independente, o Judiciário precisa mais. Precisa que o cidadão e os Poderes acreditem que ele assim o é. Essa saudável e indispensável crença tem de ser confirmada pelos fatos. Desejo e realidade. Percepção e experiência.

Não se trata, no caso, de fazer análise causal simplista – dado que o Ministro das Comunicações se encontrou com julgadores, os votos foram direcionados. Nada na história do atual Supremo nos permite pensar assim. Ao contrário. Recentes decisões expressam saudável capacidade de o atual Supremo se manter altivo.

Em 2006, o Supremo sequer admitiu juntada de parecer em julgamento já iniciado. É sempre necessário aperfeiçoar um processo que, sendo previsível, proteja os próprios ministros e o Supremo de influências intermitentes e dramáticas.

Notas

[1.] Conforme reportagem da *Folha Online*, o Ministro Hélio Costa "disse que ainda hoje conversará com alguns Ministros do STF sobre esse assunto e fará um apelo para que a situação seja analisada com extremo cuidado". A reportagem está disponível em <www1.folha.uol.com.br/folha/dinheiro/ult91u604753.shtml>. Acesso em 19 out. 2014.

[2.] Pesquisa realizada pela professora Maria Tereza Sadek publicada no livro *Magistrados: uma imagem em movimento*. Rio de Janeiro: FGV, 2006; e "O múltiplo judiciário", in SADEK, Maria tereza (org.). *Magistrados: uma imagem em movimento*. Rio de Janeiro: FGV, 1ª ed., 2006, p. 115-137.

O SUPREMO E A VARIG*

O tempo econômico nem sempre é igual ao tempo judicial.

Criar leis é fácil. Difícil mesmo é implementá-las. Fazer com que entrem na vida, sobretudo na vida econômica. Que o diga o Juiz Luiz Roberto Ayoub,[1] que há quatro anos tenta, através do caso Varig, dar vida à nova lei de recuperação de empresas.

Essa lei pretende, primeiro, fazer com que a atividade econômica, interrompida pela possível falência, reaja e a riqueza volte a circular. Segundo, que o plano de recuperação, aprovado por todos os devedores e credores, cumpra-se e todos saiam melhor do que numa falência. Terceiro, que nenhum credor seja beneficiado, inclusive credores fiscais e trabalhistas. Todos estavam antes envolvidos com a empresa em recuperação. O risco foi de todos. Socializa-se, pois, o risco.

O plano da Varig foi feito e aprovado. De todo o passivo trabalhista, 27% receberam o crédito em sua totalidade. Sucesso absoluto. Numa falência não receberiam nada em razão da perda da concessão pela Varig. Assim, o pior foi evitado.

Mas, para continuar esses pagamentos, foi previsto, com base em decisão do Superior Tribunal de Justiça, que o governo pagaria à empresa em recuperação o mesmo que já pagara à Transbrasil. Ou seja, que aportaria, em nome da ação de defasagem tarifária, cerca de R$ 4 bilhões. Aqui nascia e terminava o problema.

---

* Publicado no "Blog do Noblat" em 25 de agosto de 2009.

Para poder encerrar a recuperação, tentou-se negociar com o governo o pagamento já determinado em todas as instâncias judiciais dessa defasagem tarifária. Quando se estava perto do acordo, na semana passada a Advocacia-Geral da União informou que o acordo não sairia. Tem suas razões. Uma delas é apostar que o Supremo vai reverter a decisão já tomada no caso Transbrasil.

A disputa vai, portanto, ao Supremo, e aí é morte ou vida. Se o Supremo confirmar a pretensão do governo de nada pagar, o resultado líquido é a falência do Fundo Aerus, prejudicando milhares de trabalhadores, e a extrema dificuldade de a Flex vir a operar. Pode ser.

O processo vai ser encerrado no Rio de Janeiro esta semana, pois o prazo esgotou-se. A incerteza vai continuar até a decisão do Supremo, e o tempo econômico nem sempre é igual ao tempo judicial.

A nova lei tem enfrentado inimigos poderosos. Entre eles, os dois credores até então privilegiados: credores fiscais e credores trabalhistas. É difícil inovar sem harmonia entre os Poderes para fazer cumprir os objetivos das leis feitas pelo Congresso. Esperar para ver.

Nota

[1.] Luiz Roberto Ayoub é juiz titular da 1ª Vara Empresarial do Tribunal de Justiça do Rio de Janeiro desde 2004 e professor da FGV Direito Rio.

TEMPO PARA DECIDIR DÁ TOM POLÍTICO AO SUPREMO*

A Constituição impõe um tempo razoável para o Supremo decidir. O problema é: quem decide o que é razoável é o próprio Supremo.

O Supremo é um tribunal político? Uns acham que sim, outros, que não. Tudo depende do que se entende por política. Política vem de *polis*, "cidade", em grego. Fazer política é participar da gestão da cidade, isto é, da nação.

O Supremo participa cada vez mais da gestão do Brasil. Nesse sentido, é inevitavelmente político. Mas como faz política? Primeiro, aceitando decidir conflitos. Depois, decidindo, propriamente. Política em dois momentos: quando e como decidir.

Saber se neste ano o Supremo será ou não um tribunal mais político é mais do que adivinhar se extradita ou não Cesare Battisti. Significa saber o que ele vai julgar e, sobretudo, o que não vai.

Muitos consideram que seu principal impacto político reside no tempo que leva para decidir questões vitais para os direitos dos cidadãos de um lado, e para os do Estado, os do governo, de outro.

As principais decisões políticas do Supremo: qual será sua agenda este ano? Julga ou não o Mensalão?

Aguardam na fila para este ano (ou para o próximo?) questões vitais, algumas há décadas, para a gestão econômica da *polis*: a legalidade ou não dos expurgos dos planos Bresser e Verão,[1] do tabelamento do açúcar e das passagens de avião; a inclusão ou não do ICMS

---

* Publicado no jornal *Folha de S.Paulo* em 8 de março de 2011.

na base da Cofins; a redução do prazo de dez para cinco anos para os contribuintes cobrarem do governo o que pagaram a mais em impostos; e muito outras.

Uns querem que o Supremo decida logo, outros, ao contrário, querem adiar. Especialmente o governo, quando está em jogo a política do Tesouro Nacional: pagar ou deixar de pagar ao contribuinte bilhões de reais arrecadados ilegalmente.

Não raramente, Ministros do Supremo, de ontem e hoje, alegam que a demora é inevitável, que se deve à complexidade dos conflitos. É muito difícil dizer, no caso concreto, de que lado está o interesse público.

Já outros alegam que, enquanto não decide, o Supremo cria situação de insegurança jurídica. E mais: que existe um tempo razoável para decidir. Só que quem determina o que é razoável é o próprio Supremo.

O Supremo seria um tribunal político não apenas porque concorda ou discorda do Executivo ou do Congresso. Mas antes porque controla o tempo de concordar ou discordar.

Nota

[1.] Planos econômicos de 1987 (Plano Bresser) e 1989 (Plano Verão), que geraram um grande número de ações questionando os índices de correção utilizados nas cadernetas de poupança no período.

O SUPREMO E A CONCILIAÇÃO*

Quanto mais negociação entre os atores relevantes da sociedade, menos o Supremo será necessário.

Terminou sem acordo, anteontem, a reunião proposta pelo Ministro Luiz Fux para tentar chegar a um entendimento a fim de extinguir o Mandado de Segurança em que o Instituto de Advocacia Racial e Ambiental (Iara)[1] pretende impor condições para a adoção de livros de Monteiro Lobato[2] nas escolas públicas brasileiras.[3]

Após ter levado a questão à Secretaria de Políticas de Promoção da Igualdade Racial,[4] que, por sua vez, levou o caso ao Conselho Nacional de Educação (CNE), o Instituto pretende agora ter declarada inconstitucional a última decisão do Conselho, que liberou a adoção da leitura de *As caçadas de Pedrinho* nas nossas escolas públicas.

Como é de todos conhecido, o escritor Monteiro Lobato, com seu personagem Tia Anastácia nas obras do Sítio do Pica-Pau Amarelo, é acusado de racismo, do uso de estereótipos, e assim feriria o artigo 5º, XLII, que diz que "a prática do racismo constitui crime inafiançável e imprescritível, sujeito à pena de reclusão, nos termos da lei".

A defesa do Conselho Nacional de Educação afirma que há um contexto de uma obra escrita em 1933 e nega racismo. Não se pode julgar o passado pelos valores do presente. Nem os artigos 220 e 206 de liberdade de expressão e de liberdade de ensino na Constituição permitem esse tipo de censura.

---

* Publicado no jornal *Correio Braziliense* em 30 de setembro de 2012.

O Ministro Luiz Fux realizou uma audiência de conciliação e de lá saiu o acordo de que os dois lados teriam uma reunião nova, para acertar propostas práticas de políticas que implementem ações antirracistas nas escolas. A reunião foi realizada sem resultado. Se até 5 de outubro não se conseguir acordo, o ministro terá que decidir o conflito intraconstitucional com seus colegas, levando o caso ao plenário do Supremo Tribunal Federal.

O acordo não foi feito porque, embora o Ministério da Educação e Cultura tenha oferecido como proposta uma nota explicativa nas edições futuras, contextualizando a obra, assim como já é feito com a questão ambiental, o Instituto pediu mais. Pediu também um acordo para aumentar a capacitação de professores na disciplina de relações étnico-raciais.

Ou seja, a questão deixou de ser jurídica em sentido estrito, sobre a constitucionalidade ou não do ato do Conselho Nacional de Educação. Passou a ter como objetivo conquistar uma política pública, digamos, compensatória no presente de concepções culturais do passado. E aí estamos não mais no âmbito do Poder Judiciário, e sim no do Poder Executivo.

Nesse sentido, o Supremo está sendo usado não para declarar a Constituição, mas como mecanismo de pressão numa negociação sobre políticas públicas. Será essa a função do Supremo?

A oportuna decisão do Ministro Luiz Fux colocou a nu esse novo aspecto. Quanto mais negociação houver na sociedade entre seus relevantes atores, menos o Supremo será necessário. Essa tendência de negociação entre as partes, em vez de um processo com poder jurisdicional unilateral do juiz, é uma tendência a ser estimulada. Como vem sendo feito pelo próprio Fux, que este ano mediou um acordo entre Furnas e a Federação Nacional dos Urbanitários e o Ministério Público do Trabalho, resolvendo uma questão que se prolongava por mais de 20 anos.[5]

A negociação e a conciliação, em vez de disputa judicial, têm sido promovidas também pelo Conselho Nacional de Justiça e devem ocorrer com intensidade nas instâncias inferiores e podem também ser usadas no próprio Supremo.[6]

Os resultados líquidos desse procedimento, no entanto, são dois, e afetam profundamente o desenho institucional do Supremo. Primeiro, o tornam cada vez mais presente, alguns diriam mesmo interferente na formulação de políticas públicas.

O que, aliás, já foi exemplificado na decisão da Raposa Serra do Sol, quando o Supremo Tribunal Federal, com o Ministro Carlos Alberto Direito à frente, desenhou uma verdadeira política pública para terras indígenas. Estabelecendo condições e critérios para a ocupação da área.

O segundo resultado é um estímulo à politização intensa às portas do Supremo. A arguição de inconstitucionalidade não pode servir de incentivo a grupos conjunturalmente insatisfeitos com gestões governamentais. Essa insatisfação deve se manifestar pelo voto e nas eleições.

Notas

[1.] Associação sem fins lucrativos que busca promover e defender a população afro-brasileira e o meio ambiente através de ações jurídicas.

[2.] Um dos grandes escritores brasileiros. É nacionalmente conhecido pelos seus personagens do Sítio do Pica-Pau Amarelo (Emília, Narizinho, Pedrinho, tia Anastácia, Cuca, Visconde de Sabugosa e Dona Benta) e por Jeca Tatu.

[3.] A associação impetrou Mandado de Segurança contra parecer do CNE que autorizava a adoção dos livros de Monteiro Lobato em escolas públicas, alegando que os livros continham trechos racistas e deveriam ser publicados com notas explicativas. O Mandado de Segurança tinha como relator o Ministro Luiz Fux.

[4.] A Secretaria de Políticas de Promoção da Igualdade Racial é órgão de assessoramento imediato da Presidência da República.

[5.] Processo referente à terceirização de mão de obra e a não convocação de aprovados em concurso público. No Supremo, esse conflito chegou por meio de Mandado de Segurança (MS nº 27.066).

[6.] O CNJ desde 2006 promove em todo o país, juntamente com todos os tribunais, a Semana Nacional da Conciliação. Além disso, em 2010 editou a Resolução nº 125, que institui a Política Judiciária Nacional de tratamento de conflitos de interesses, incentivando, principalmente, a prática da conciliação e da mediação.

SUPREMO NÃO ABRE MÃO DO PODER QUE ACUMULOU*

Temos visto um Supremo inquieto e dividido.
É preciso que se apazigue.

Como foi o Supremo Tribunal Federal em 2013? Pergunta simples, resposta complexa. São múltiplos Supremos.

Existe o Supremo como última instância do Judiciário. Neste ano o Supremo teria julgado 89.565 processos, contra 90.044 no ano passado – mais de 8 mil por Ministro da Corte. Difícil acreditar que os ministros puderam ler individualmente todos eles. Se são julgamentos repetitivos, não precisariam ir ao Supremo. Por anos se acreditou que esse exagero era desordem organizacional, excesso de recursos. Não é.

Cada dia fica mais claro que é uma questão de poder. O Supremo não quer abrir mão de nada. Para ninguém. Nem para os tribunais estaduais, nem para os superiores. É excesso de concentração de poder. Nem o Supremo se une a favor de legislação que lhe reduza os recursos, como no caso da Emenda Peluso, nem toma outra iniciativa.

O Brasil fica à espera do dia em que o Supremo resolva pinçar um processo, colocar na pauta e julgá-lo. Usar a espada suprema. Em relação às 41 Adis (Ações Diretas de Inconstitucionalidade) contra o Conselho Nacional de Justiça, por exemplo, o Supremo em geral concede liminar, mas não julga o mérito. Cria, assim, imprevisível ordem jurídica de conjunturas.

---

* Publicado no jornal *Folha de S.Paulo* em 22 de dezembro de 2013.

O outro Supremo é o da sintonia com os cidadãos. Este tem avançado muito e na direção certa. Até o Mensalão, o Supremo nunca havia condenado à prisão em definitivo alguém com foro privilegiado. Agora não mais. Condenou.

Enfrentou também casos importantes, como o dos *royalties*, o da inconstitucionalidade do regime de precatórios, o da criação de novos partidos políticos. Escolher a pauta é a principal espada do Supremo.

Como agirá em 2014? Processos sobre regras eleitorais e econômicas deverão ser prioritários.

Finalmente, o último Supremo é o poder da República diante do Congresso e do Executivo. Temos visto um Supremo inquieto, de ministros divididos. Uns querendo respeitar o espaço congressual, outros querendo avançar.

O receio de surgir um Supremo expansionista está se tornando rotina nos julgamentos. É preciso que o Supremo se apazigue.

Em 2014 um Congresso Nacional novo, legitimado pelo voto, será eleito. Na democracia o voto deve ser maior do que a espada interpretativa do Supremo. Autolimitar-se seria prudente.

A GOVERNANÇA DO SUPREMO*

Nenhum Presidente teve força política para enfrentar os interesses corporativos petrificados na Lei Orgânica da Magistratura.

O Ministro Marco Aurélio, ao criar a TV Justiça, e os Ministros Joaquim Barbosa e Ayres Britto, ao maximizarem seus efeitos durante o julgamento do Mensalão, deram um passo sem precedentes para a democratização das relações entre Supremo Tribunal Federal, mídia e opinião pública. Paradoxalmente, ao mesmo tempo, envelheceram muitas das práticas decisórias do próprio tribunal.

Como qualquer colegiado ou conselho, judicial ou não, o Supremo tem procedimentos de governança, hoje definidos na Lei Orgânica da Magistratura (Loman), Lei Complementar nº 35, de 1979, no Regimento Interno de 1980 (mesmo atualizado), nas sucessivas resoluções administrativas e na sua cultura informal, não escrita, detida pelo corpo administrativo estável.

Muitos desses procedimentos compõem uma cultura jurídica patrimonialista, individualista e isolacionista incompatível com o ator político, relevante e legítimo que o Supremo quer hoje ser. E não basta ser Presidente do Supremo nomeado na democracia para mudar a Lei Orgânica da cultura jurídica do passado, a Loman. Os ministros sabem disso. Todos os últimos Presidentes da Corte – Gilmar Mendes, Ayres Britto, Cezar Peluso e Joaquim Barbosa – tentaram. Não conseguiram.

---

* Publicado no jornal *Folha de S.Paulo* em 10 de fevereiro de 2014.

Não tiveram em si mesmos força política interna suficiente para enfrentar interesses corporativos ali petrificados. Interesses oriundos de uma época na qual o Judiciário tinha privilégios, mas não tinha poder nem responsabilidade.

Entretanto, não é necessária lei nenhuma para enfrentar essa cultura jurídica do passado. As associações de magistrados, a Ordem dos Advogados do Brasil, o Ministério da Justiça, as universidades e os próprios ministros – como Luís Roberto Barroso – já ofereceram milhares de sugestões. Só depende do colegiado.

Algumas das medidas sugeridas são: cada ministro distribuir seu voto antes, para que os outros possam focar, preparar melhor e encurtar os julgamentos; publicar 30 dias antes as pautas, para não haver surpresas; assegurar melhor a defesa; produzir votos mais sintéticos; abandonar citações pantagruélicas, o povo não é barroco e, na comunicação, mais é menos; exercitar a grandeza da humildade e dizer apenas "acompanho o voto dos colegas". Não é preciso dar aulas repetidas de argumentos. Como disse recentemente o Ministro Stephen G. Breyer, da Suprema Corte dos Estados Unidos: "Não estamos aqui para fazer doutrina. Mas para decidir casos."

A ementa do acórdão deve ser o principal objeto da votação. Nela reside o poder. Nela se devem democratizar as palavras, torná-las palpáveis e inteligíveis. Sair da cultura judicial isolacionista e arquivística para entrar na cultura democratizante comunicativa digital. Nada disso depende do Congresso Nacional nem do Poder Executivo. Por que, então, não se promovem mudanças?

Essa nova geração de Ministros do Supremo Tribunal Federal já deve ao Brasil a mudança da cultura jurídica anciã, cheia de personalismos e privilégios sem responsabilidades. Essa deve ser a prioridade política e o consenso mínimo entre os ministros.

A cultura jurídica anciã, egocêntrica, valoriza em excesso o poder individual de veto dos ministros a iniciativas coletivas de seus colegas. Como está hoje, com alma de novato e movimentos de ancião, o Supremo Tribunal Federal caminha com dificuldades.

Essa nova geração de ministros não poderá culpar ninguém – nem o Congresso Nacional, nem o Poder Executivo, nem a mídia, nem a opinião pública – se antes não completar o caminho interno da democratização da própria governança.

É ESTE O SUPREMO TRIBUNAL FEDERAL QUE QUEREMOS?*

Ou se reduz o número de processos, o Supremo sendo apenas Corte constitucional, ou deixa de ser órgão colegiado e se divide internamente em instâncias distintas.

Afinal, com quantos ministros se pode condenar um deputado ou um senador? Pelo novo regimento do Supremo, dos onze, bastam dois. A Câmara se insurge.

É inconstitucional, diz o Presidente Henrique Eduardo Alves.[1] Proporcionalmente, é como se para aprovar uma lei, dos atuais 513 deputados, a Câmara precisasse somente de 93. O que está por traz desta disputa?

Primeiro: a norma mais citada nos julgamentos do Supremo, conforme pesquisa da FGV Direito Rio, não é a Constituição, como esperaria o senso comum. É o Regimento!

Vimos isto no julgamento do Mensalão. O Supremo discutiu imensamente as interpretações e as lacunas de seu próprio Regimento. Discutia-se a si próprio.

Mostra não somente a importância decisiva do Regimento, como também a falta de consenso entre os próprios ministros sobre como os julgamentos devem ser feitos. O que traz insegurança jurídica, aumenta os custos e o potencial de divergências.

Segundo: ao contrário do que se pensa, o Supremo não é majoritariamente uma corte colegiada. É tal o número de processos, que julgar todos pelos onze ministros é impossível.

---

* Publicado no "Blog do Noblat" em 31 de outubro de 2014.

As estatísticas do Supremo em Números mostram: o Supremo é uma corte monocrática. Dentre as mais de 1,3 milhão de decisões proferidas, 87% foram de um só ministro.[2]

Doze por cento foram decisões das turmas, isto é, de cinco ministros. E apenas 0,6% das decisões foram tomadas pelos onze ministros, ou seja, pelo plenário.

Não é, pois, de espantar que a sociedade, inclusive a Câmara, pergunte: é este o Supremo que queremos?

Das duas uma: ou se reduz o número de processos e, portanto, sua competência, fazendo-o apenas corte constitucional. O que próprio Supremo não quer. É perda de poder, ou deixa de ser órgão colegiado e se divide internamente em instâncias distintas. É o que está acontecendo. Prolonga-se dentro de si.

Esse caminho é paliativo. Adia, mas não evita o momento em que se terá de enfrentar um novo desenho institucional.

Notas

[1.] Presidente da Câmara dos Deputados de 2013 a 2015.

[2.] FALCÃO, Joaquim; CERDEIRA, Pablo de Camargo ; ARGUELHES, D. W. "O Supremo Tribunal Federal Processual", in MARTINS, Ives Gandra da Silva; ROSSET, Patrícia; AMARAL, Antonio Carlos Rodrigues do (org.). *Estudos: Direito Público. Estudos em homenagem ao Ministro Carlos Mário da Silva Velloso.* São Paulo: Lex Editora, 1ª ed. 2013, p. 299-308.

SUPREMO FICOU EM SEGUNDO LUGAR EM TRANSPARÊNCIA*

O acesso a informações é decisivo para uma plena cidadania democrática. Nesta época, em que se discute os salários dos magistrados, seria importante conhecer a realidade.

Nova pesquisa sobre transparência governamental feita pela Escola Brasileira de Administração Pública e de Empresas da FGV (Ebape) e pelo Centro de Tecnologia e Sociedade FGV Direito Rio (CTS) será anunciada na segunda-feira, dia 10 de outubro, no seminário "Avaliação nacional de transparência governamental: uso e desafios da Lei de Acesso à Informação",[1] no prédio sede da FGV. O Supremo ficou em segundo lugar no ranking dos tribunais que mais precisamente respondem à Lei nº 12.527/2011, a lei de acesso à informação.

O ranking inclui 40 tribunais da federação, dentre os 138 órgãos públicos, abrangendo três estados (Minas Gerais, Rio de Janeiro e São Paulo), suas capitais, além do Distrito Federal e da União.

Pesquisa conduzida por Gregory Michener,[2] Luiz Fernando Moncau[3] e Rafael Velasco,[4] inclui duas avaliações, uma específica do Poder Judiciário, outra, geral, abarca vários órgãos de todos os Poderes e também órgãos autônomos. A avaliação do Judiciário abrange temas como salários e orçamentos, dentre outros.

O ranking dos tribunais foi formulado principalmente a partir da precisão das respostas, ou seja, se as respostas dos tribunais efetivamente respondiam ao tema perguntado pelos pesquisadores. Além

---

* Publicado no site *Jota*, em 8 de novembro de 2014.

deste critério, a avaliação também exibe o prazo médio da resposta (se a informação não puder ser prestada imediatamente, os órgãos públicos têm vinte dias e mais dez mediante justificativa expressa, para produzir e enviar a informação) e a taxa de resposta, isto é, se os tribunais efetivamente deram qualquer resposta, mesmo que negativa, ao cidadão que solicitou as informações.

Por coincidência, na última segunda-feira, o Conselho Nacional de Justiça determinou, por decisão monocrática da conselheira Luiza Frischeisen,[5] que treze tribunais e seções divulguem corretamente o rendimento de seus magistrados e servidores. Devem cumprir a Resolução nº 102 do CNJ (alterada pela Resolução nº 151), que regulamenta o assunto. Diz textualmente o CNJ, "a publicação das remunerações dos membros da magistratura, servidores, colaboradores, e colaboradores individuais tem que ser atualizada, obrigatoriamente, mensalmente, até o décimo quinto dia do mês subsequente ao de referência".

Desnecessário dizer que o acesso a informações é decisivo para uma plena cidadania democrática.

Nesta época, em que se discute os salários dos magistrados, seria importante conhecer a realidade. As decisões do Congresso, as leis deveriam ter sempre um fundamento o mais empiricamente rigoroso, sobretudo quando este fundamento pode ser quantificado, como é o caso.

Uma das maneiras que o Judiciário tem de exercer sua indispensável participação, neste diálogo entre Executivo e Judiciário, é fornecer os dados que tem. De maneira simplesmente compreensível, para que seja decisão legitimada. Para que o Congresso decida com os pés no chão de nossa realidade.

Notas

[1] As informações da pesquisa estão disponíveis em <transparencyaudit.net/pt-br>. Acesso em 2 jun. 2015.
[2] Diretor do Grupo de Transparência Pública e professor adjunto da FGV/EBAPE.
[3] Professor da FGV Direito Rio.
[4] Advogado e coordenador geral do projeto.
[5] Conselheira do CNJ desde 2013.

4. A INFLUÊNCIA DA MÍDIA E DA OPINIÃO PÚBLICA

QUEM JULGA O SUPREMO?*

*Aparentemente ninguém julga o Supremo.
Inexiste poder superior. Mas, na verdade, todo mundo vai julgá-lo.*

O Supremo está julgando o Presidente da República e a Câmara dos Deputados.[1] Tudo bem. Mas quem julga o próprio Supremo? Aparentemente ninguém. Inexiste poder superior. Na verdade, todo mundo vai julgá-lo. Fácil perceber. Conforme seu desempenho nesse caso do *impeachment* do Presidente Collor, a sociedade vai, com maior ou menor clareza, inevitavelmente formar uma opinião: o Supremo funcionou ou não? Contribuiu para resolver ou aumentar esse conflito?

A pergunta teórica – para que serve o Judiciário? – vai ser respondida na prática. E conforme a avaliação de empresários, donas de casa, trabalhadores, religiosos, estudantes, o Supremo ganhará ou perderá legitimidade. O que é fundamental nessa época em que a lentidão e a ineficiência do Judiciário o afasta do dia a dia dos cidadãos. Em outras palavras, quem está em julgamento, hoje, não é só o Presidente Collor, é também o Supremo.

Niklas Luhmann[2] aponta três condições para o Judiciário ser aceito pela sociedade. Primeiro, é preciso que produza decisões, isto é, sentenças, o que parece óbvio mas não é. Ou seja, assim como o laboratório produz remédios, a hidrelétrica, energia e a fábrica, automóveis, as instituições só justificam sua existência se produzirem também.

---

* Publicado no jornal *Folha de S.Paulo* em 20 de setembro de 1992.

E aqui reside a armadilha. Pois se muitos vão ao Supremo em busca da decisão, da sentença, muitos vão justamente para impedir decisões e evitar as sentenças. Paradoxal? Certamente. Mas real. Veja o dia a dia de cada um.

Quantos inquilinos preferem ir à Justiça a pagar o aumento do aluguel contratado? Quantos empresários preferem ir à Justiça a pagar o imposto devido? Basta contar com a lentidão do Judiciário, sem apego aos formalismos, a chance de uma anistia fiscal e um acordo com o proprietário, e pronto. No fundo, o Judiciário é a arena na qual se podem produzir sentenças ou evitá-las.

Não será o que está ocorrendo hoje, com a utilização do direito processual – prazos, competências, provas, peritos, perícias etc. – justamente para se evitar sentenças? Não estamos diante do caso de uso da lei contra o direito?

Não basta, no entanto, que o Supremo produza sentenças.

É preciso, em segundo lugar, segundo Luhman, que elas encontrem um clima social favorável à sua implementação. E, por fim, em terceiro lugar, é necessário que elas contribuam para terminar ou minorar o conflito.

Por isso mesmo, nos Estados Unidos, por exemplo, os Ministros do Supremo levam sempre em consideração o impacto social da decisão. Além de avaliar se a sentença está ou não sintonizada com a Constituição, verificam também se está sintonizada com o sentimento de justiça da população, como diria o professor Cláudio Souto.[3]

Entre duas interpretações constitucionalmente argumentadas, o Supremo decide por aquela mais em sintonia não com o sentimento individual de justiça, mas com o sentimento coletivo de justiça da sociedade. Até por questão de sobrevivência.

A população, quando não se sente representada pelo Judiciário, reage. E de duas formas negativas para a democracia: ou faz justiça pelas próprias mãos, ou simplesmente arranja outros "juízes" para resolver seus conflitos. Como os "coronéis" do interior no passado, ou os bicheiros e traficantes das favelas de hoje. Assim, ficamos mais perto do arbítrio, da violência e do caos; e o Judiciário, mais isolado. Todos perdem.

Por tudo isso, a situação dos juízes do Supremo nesta semana é tão delicada quanto importante. O país precisa de uma instância superior, cada vez mais legítima, para resolver definitiva e positivamente seus conflitos.

Mas, para essa instância ser legítima, o Supremo tem que, ao respeitar os direitos individuais do Presidente, escapar da armadilha da não decisão. E decidir a tempo, optando por sentenças que não cristalizem o caos da ingovernabilidade. Ao contrário, que assegurem a estabilidade das instituições e do governo.

Notas

[1.] Nesse momento, havia sido enviada ao Supremo Ação Penal contra o então Presidente Collor de Mello por corrupção passiva. Em 1994, ele foi absolvido por falta de provas.

[2.] Sociólogo alemão (1927-1998).

[3.] Ver SOUTO, Solange e SOUTO, Cláudio. *Sociologia do Direito*, Porto Alegre: S.A. Fabris, 2003.

O SUPREMO EM *OFF**

Quando o ministro fala em off, *ele é usado como matéria-prima política da notícia descartável.*

O ofício[1] do Advogado-Geral da União, professor Gilmar Mendes, ao Presidente do Supremo, Ministro Carlos Velloso, sobre a prática dos ministros de dar declarações em *off* à imprensa suscitou pelo menos duas questões.

Pela primeira, estaríamos diante de indevida ingerência do Poder Executivo no Poder Judiciário, a mordaça, um problema entre instituições. Pela segunda, precisaríamos saber das maneiras e dos limites dos pronunciamentos públicos dos ministros, fora dos autos, a credibilidade, um problema de funcionamento da instituição. Ambos são legítimos e importantes para o Brasil.

Ultimamente, muitas questões que dizem respeito à implementação da Justiça são entendidas quase exclusivamente como interinstitucionais. O que rapidamente conduz ao impasse, ao desgaste público e à não solução. Os exemplos são muitos.

A nomeação da Ministra Anadyr Rodrigues[2] como Corregedora-Geral da União seria indevida ingerência do Executivo na área do Ministério Público. Correspondências técnicas sobre níveis de orçamento e tetos salariais do Judiciário seriam indevidas ingerências do Poder Executivo no Judiciário. Já projetos de lei sobre o comportamento do Ministério Público representariam mordaças do Congresso

---

* Publicado no jornal *Folha de S.Paulo* em 23 de abril de 2001.

na instituição. E por aí vamos. Estamos vivendo um período de hipersensibilidade institucional.

Numa perspectiva histórica, menos circunstancial, essa hipersensibilidade se justifica. De fato, nas décadas de 1960 e 1970, o Executivo tudo queria abarcar. Tudo era conspiração do Executivo contra os demais Poderes. E muitíssimas vezes foi assim. Mas o Brasil mudou.

Nem todo novo problema que surge resulta necessariamente de uma conspiração interinstitucional. A novidade pode apenas fazer parte da zona cinzenta natural a qualquer jovem democracia, o que ocorre sempre que o desempenho institucional e os limites interinstitucionais não estão ainda consolidados pela prática.

Não custa lembrar: nossa Constituição é jovem. É de 1988. Estamos na fase de construção das instituições. Fase do *institutional building*, como se diz em inglês. Não se constroem instituições e democracia instantaneamente.

Essas indefinições (quem faz o quê; e como) – zonas cinzentas – são naturais. Não são necessariamente crises: Poder contra Poder. Antes, são tarefas a enfrentar. Adaptações de convivência. Problemas a solucionar pelo diálogo, pelo debate, pela busca de soluções, procurando a experiência de outros países, inventando as nossas.

Sobre as manifestações públicas de ministros de tribunais superiores, existe uma praxe consolidada em vários países. Quando se trata de matéria jurídica, os ministros falam nos autos, ou nos livros, nos artigos e nas conferências. Nesses momentos mais acadêmicos, eles são livres para assumir posições em tese. Inexiste o *off*.

Quando, porém, precisam falar sobre assuntos administrativos ou legislativos, as soluções variam. Há poucos anos, o atual Presidente do Supremo, Ministro Carlos Velloso, tratou do tema com a Chief Justice Abrahamson, de Wisconsin, Estados Unidos. Lá existe o cargo de Secretário-Geral da Suprema Corte, que transmite ao público e aos demais Poderes a posição do Supremo Estadual sobre temas não jurisdicionais. Expressa, sem polemizar, a posição da Corte sem expor qualquer dos ministros. Sem envolvê-los em bate-bocas pela mídia.

A autoridade do Judiciário não reside nem nas armas nem no dinheiro. Nem, com certeza, no uso nem na manipulação da mídia. Reside na legitimidade, na aceitação e no respeito de seus cidadãos. Uma legitimidade que é da instituição e de cada ministro individualmente. O que exige um certo recato, um certo distanciamento, um certo rigor no pronunciar-se e, sobretudo, um não envolvimento no dia a dia dos conflitos, sejam jurisdicionais, políticos ou administrativos.

Seria importante que o Brasil soubesse o que o Supremo e os demais tribunais pensam de seus ministros darem contentemente declarações em *off* à imprensa. Se isso é uma prática aceita pelos ministros ou uma iniciativa individual ainda não devidamente pensada e regulada internamente. Se isso deve ser estimulado, proibido ou desconhecido. Se isso contribui ou não, a longo prazo, para a respeitabilidade e a legitimidade do Judiciário.

Acredito, pessoalmente, que a prática não contribui. No mínimo, é faca de dois gumes. Não somente porque, como diz Norberto Bobbio: "A regra da democracia deve ser a publicidade e não o segredo. A luz, e não a escuridão. O palco público, e não o bastidor individual." Queira-se ou não, na prática do anonimato existe a suspeita de que o que foi dito não deveria ter sido dito. O hábito traz também problemas pois pode transformar os tribunais em autofágicas arenas de gladiadores mascarados.

Pois o bom repórter vai sempre buscar, depois do *off*, o *contraoff*. Deste ministro contra aquele. O contraditório de primeira página é a ambição recôndita de toda pergunta de todo jornalista. Com o *off*, acreditam os que o praticam, os ministros estariam protegidos. Talvez. É bom lembrar que o *off* também vaza. De qualquer modo, não protegeria nunca a instituição, o Supremo.

O que não quer dizer que em situações de ingerência por parte de qualquer Poder, ou mesmo de necessidade de se clarear posições administrativas, orçamentárias ou legislativas, o Judiciário esteja condenado ao silêncio e ao flagelo. Longe disso.

Quer dizer apenas que nossos tribunais, dentro da autonomia que a Constituição lhes assegura, deveriam se inovar institucionalmente. Criar instâncias, situações e lideranças institucionais, não jurisdicionais, que falem com autoridade e os defendam com vigor. Sem expor o Supremo e os ministros, evitando que sejam colocados na arena das circunstâncias políticas e usados como matéria-prima da mídia. O que dificilmente lhes acresce, individual e institucionalmente, em legitimidade.

Notas

1. No ofício, enviado em abril de 2001, se dizia: "Venho, respeitosamente, dirigir-me a Vossa Excelência para o fim de externar sincera preocupação com informações recentes e amplamente noticiadas na imprensa sendo as quais membros desta Alta Corte estariam a proferir, sob a proteção do anonimato, declarações relativas a políticas e atos governamentais bem como a induzir reinterpretação do sentido e do alcance de decisões judiciais. O absurdo de uma tal prática evidencia a absoluta impossibilidade que essas declarações hajam efetivamente ocorrido. Assim, dada a inviabilidade de erigir-se o legítimo debate público em face de declarações anônimas, indago-me se não seria possível e oportuno determinar ao Setor de Comunicação Social desse Supremo Tribunal Federal permanente atuação junto aos órgãos de imprensa no sentido de evitar a aleatória e genérica atribuição de declarações anônimas às autoridades públicas integrantes dessa Egrégia Corte."

2. Foi Ministra-Chefe da Controladoria-Geral da União, advogada, membro do Ministério Público e assessora do governo.

O JUDICIÁRIO
E A OPINIÃO PÚBLICA*

O STF deveria se esforçar para ser chamado simplesmente de Supremo. Esse é o nome capaz de ser apreendido pelos brasileiros. Imediatamente perceberiam sua importante função jurídico-política.

A Universidade de Brasília acaba de divulgar pesquisa encomendada pelo Supremo sobre a imagem do Judiciário entre a população brasileira.[1] Traz dados muito interessantes e estimula novos caminhos.

Em primeiro lugar, surge um paradoxo. Perguntados se valeria a pena procurar o Judiciário, 83% dos entrevistados respondem que sim. Perguntados se confiam nos juízes, cerca de 60% respondem que sim. São números muito positivos. Mas logo em seguida o quadro se inverte.

Cerca de 83% querem que o Judiciário mude. Quase 65% acreditam que alguém pode ser beneficiado ilegalmente por decisão de um juiz. Mais ainda, cerca de 86% são favoráveis à existência de um órgão para fiscalizar a Justiça brasileira. Finalmente, em matéria de confiança, a Justiça recebe nota 4,7 de um máximo de 10. São dados negativos.

Como, então, explicar esse aparente paradoxo? Como explicar a convivência de dados quase diametralmente opostos, positivos e negativos?

A contradição se desfaz quando percebemos uma distinção entre a necessidade que os brasileiros sentem da instituição e a avaliação que fazem de seu desempenho.

---

* Publicado no jornal *Correio Braziliense* em 19 de maio de 2005.

Por um lado, está claro: o brasileiro precisa, quer, e acha que vale a pena se voltar para o Poder Judiciário. Confia também em seus juízes. Por outro, desaprova sua atuação. É bastante crítico diante do seu atual desempenho. Quer fiscalização, pois ilegalidades podem ocorrer. Aqui, a confiança é pouca.

Defende-se a instituição e critica-se o desempenho. Se essa descrição é persuasiva, então as críticas que o Judiciário recebe não devem ser entendidas como críticas que visam a destruir a instituição ou diminuí-la. Ao contrário: buscam um melhor e maior Poder Judiciário. Até porque o senso comum sabe muito bem que se os conflitos não forem decididos pacificamente por meio das leis positivas serão decididos violentamente pela lei do mais forte. Uma saída muito pior, como indicou pesquisa que realizei há anos no Rio de Janeiro.

Um segundo dado interessante diz respeito ao fato de que, perguntados sobre qual o órgão mais alto na hierarquia da Justiça brasileira, 69% não sabiam responder e 11% responderam errado. Ou seja, 80% da população desconhece o Supremo Tribunal Federal como órgão máximo do Poder Judiciário. Qual o motivo desse desconhecimento?

Fácil explicar. Na verdade, pesquisas de opinião revelam não somente a opinião do entrevistado, mas também as fontes que influenciam e moldam essa opinião. Nos dias de hoje, a principal fonte do gênero se encontra, sem dúvida, nos meios de comunicação.

E o que acontece atualmente quando os meios de comunicação lidam com o Supremo Tribunal Federal? Simples: passam a chamá-lo de STF. O próprio Supremo Tribunal Federal muitas vezes se identifica como STF. Ora, para o brasileiro comum, STF é código indecifrável. Tanto quanto STJ, TRT, CNPq, TFP, INPI, RTP, RPG, ITI etc. Sigla como outra qualquer. Sem identidade própria. Sigla apenas para iniciados.

O Supremo Tribunal Federal deveria se esforçar para ser chamado simplesmente de Supremo. Essa é a sua verdadeira sigla, capaz de ser aprendida pelos brasileiros, que imediatamente perceberiam sua importante função jurídico-política. Bem que os meios de comunicação poderiam fazer essa troca. Seria imensamente didático para a cidadania. Em vez de STF, Supremo.

Finalmente, um terceiro dado mostra que 75% dos brasileiros acreditam existir corrupção no Judiciário. Obviamente, não se deve daí inferir que 75% do Judiciário é corrupto. A pesquisa mede a percepção e não a realidade.

A alta percepção de corrupção revela apenas a influência dos meios de comunicação na formação da opinião do brasileiro sobre o Poder Judiciário. Se aceitamos que a grande influência na formação da opinião pública são os meios de comunicação, é fácil entender.

Para estes, o bom comportamento não é notícia. Notícia é o deslize, o acidente, o inusitado. O imenso dia a dia de não corrupção no Judiciário perde espaço na mídia para os casos de corrupção que, embora existam e precisem ser disciplinados, não representam esse cotidiano. Esse dado revela uma pauta de notícias que induz o brasileiro a acreditar que o deslize representa o todo.

Para se ter um dado mais rigoroso, seria necessário separar os entrevistados que jamais tiveram experiência com a Justiça dos que já tiveram alguma. Pois a opinião destes é informada pela realidade palpável e experimentada. Teríamos então, ao lado da opinião influenciada pelos meios de comunicação, a opinião de experiência feita, como diria Camões. Uma visão mais completa.

Nota

[1.] Alguns dados da pesquisa estão disponíveis em <m.stf.jus.br/portal/noticia/verNoticiaDetalhe.asp?idConteudo=64768>. Acesso em 19 out. 2014.

PRIVACIDADE DO STF OU LIBERDADE DE IMPRENSA*

Entre a independência e a privacidade dos Ministros do Supremo e a liberdade de imprensa, o que é melhor? Os dois.

As opiniões se dividiram: a reportagem de *O Globo*[1] sobre os laptops dos Ministros do Supremo Tribunal Federal foi legal? Foi constitucional?[2]

Alguns juízes e advogados acreditam ter havido invasão de privacidade e até crime de violação de correspondência. Já outros juízes, advogados e jornalistas acreditam que foi legítimo exercício de liberdade de imprensa.

O leitor precisaria ser informado da realidade das instituições, inclusive do lado humano dos ministros. Às vezes, demasiadamente humano.

Liberdade *versus* privacidade, o conflito mais previsível deste século XXI. A sociedade se divide. Há saída para essa divergência fundamental? Tem que haver.

Se o foco da pergunta mudar da constitucionalidade ou não da reportagem para o aperfeiçoamento institucional do Supremo Tribunal Federal, a divergência tende a desaparecer. Se a questão for: o atual processo decisório do Supremo protege sua necessária privacidade, sem a qual inexiste independência do julgar, garantia fundamental dos cidadãos? Novos caminhos se abrem.

Hoje, o plenário do STF decide assim: o processo judicial entra e é distribuído aleatoriamente a um ministro chamado "relator", que o estuda e trabalha sozinho com sua equipe elaborando o voto.

---

* Publicado no jornal *Folha de S.Paulo* em 28 de agosto de 2007.

Nenhum mecanismo, costumeiro ou formal, de troca de informações e ideias entre os ministros é previsto. Nelson Jobim tentou esse diálogo interno, mas não o formalizou. Quando pronto o voto, pede-se à presidência que o processo vá à sessão.

Somente então os demais ministros tomam conhecimento. O voto do relator muitas vezes chega à sessão como mistério a ser desvendado na hora e publicamente. Salvo por informações fragmentadas entre os gabinetes e, eventualmente, pela coerência com a jurisprudência, o voto de um é novidade para o outro, com a TV gravando a casual surpresa estampada na face de cada ministro. O resultado é claro: a natural incerteza judicial acaba aumentando a indesejável insegurança jurídica. Se aquela é estruturadora da democracia, esta é sua patologia.

Parece óbvio que há a necessidade de um momento coletivo no processo decisório do Supremo, com toda privacidade possível, em que o livre debate entre seus membros possa ocorrer. Uma saudável troca de ideias e doutrinas. Discordâncias e busca de consensos. Tentativas de conciliação. Discussões político-jurídicas. Cara a cara. Um momento de solidões francas e convergentes. Sem a presença de ninguém. Sem público, jornalistas nem assessores. No caso, o direito à privacidade não é direito à solidão. É direito à institucionalização de um processo decisório coletivo, sem nenhuma interferência, a não ser a participação igualitária dos julgadores.

A Suprema Corte americana assim já procede. Decidido que o processo será julgado, os advogados enviam por escrito suas razões. Todos os ministros recebem informações ao mesmo tempo.

No Brasil, o relator é privilegiado. Sabe tudo antes. Lá, a primeira sessão pública é uma arguição, pelos ministros, dos advogados que fazem sustentação oral. Pode até haver alguma discussão entre eles, mas o objetivo principal é a uniformização pública de informações para posterior reflexão privada. Depois, recolhem-se, trocam memorandos internos, fixam posições, tentam convencer os colegas. Reúnem-se privadamente.

Ninguém tem acesso a essas conferências privadas. Só os ministros. Aí decidem posições e votam. Voltam a público para comunicar a decisão: um relator para o voto do grupo vencedor e relatores para os votos divergentes.

Nas sessões públicas, os ministros se colocam mais alto, num estrado em que a imprensa, mesmo com as tecnologias de hoje, dificilmente os alcança. A não ser de maneira predeterminada: de frente e de baixo.

A sala do Supremo brasileiro foi feita décadas atrás, quando as atuais e legítimas tecnologias de captura de informações inexistiam. Ficou vulnerável. Tem forma de arena de debatedores, e não de *locus* para o alinhamento de julgadores supremos. Antes, pois, de se consumir o país em discussão fratricida, opondo a indispensável privacidade dos membros do STF à também indispensável liberdade de imprensa, talvez seja o momento de aperfeiçoar o próprio processo decisório do tribunal. Trocar um monólogo de solidões potencialmente conflitantes pelo incansável diálogo de busca de consensos.

Quanto mais não seja, por simples motivo. Se perguntarmos aos juízes, advogados e jornalistas, que hoje debatem entre si, se preferem a independência e a privacidade do Supremo ou a liberdade de imprensa, a resposta é clara: os dois. Devemos ser, pois, pragmáticos. Há meios gerenciais de ambos conciliarem. O momento é este. Judiciário ágil e legítimo e imprensa livre e responsável são faces da mesma moeda. A moeda da democracia.

Notas

[1.] Em 23 de agosto de 2007 o repórter Roberto Stuckert Filho fotografou troca de e-mails nos laptops dos Ministros do Supremo durante a sessão. Nesses e-mails os ministros discutiam o destino da denúncia contra os réus do Mensalão e faziam comentários sobre tendências, desfechos, votos dos outros. A reportagem foi publicada na capa do jornal, sob o título "Ministros do STF combinam e antecipam voto por e-mail".

[2.] Sobre o tema, ver FALCÃO, Joaquim. "Supremo, mídia e opinião pública", in FALCÃO, Joaquim (org.). *Mensalão – Diário de um julgamento: Supremo, mídia e opinião pública*. Rio de Janeiro: Elsevier, 2013.

O SUPREMO: UM MAL-ESTAR*

Falar fora dos autos faz do instante da celebridade individual do ministro a erosão da legitimidade institucional.

Afinal, o que se passa com o Supremo? Há visível mal-estar no ar, público desconforto entre ministros.[1] Serenidade e colegialidade parecem diminuir. O Supremo hesita, se autoproblematiza, é controvertido, mas goza do respeito de todos. Tem o do Legislativo, do Executivo, da sociedade, da mídia, dos profissionais jurídicos e dos cidadãos. Porém, revela-se insatisfeito consigo mesmo. Poderoso como nunca.

Índices de confiabilidade nos políticos e no Congresso são insuficientes. A confiança na pessoa do Presidente do Supremo se sobrepõe à confiança na instituição Poder Executivo.

Mais do que nunca, o país precisa do Supremo. O princípio do artigo 35 da Lei Orgânica da Magistratura se faz mais do que nunca necessário: o magistrado tem de ser independente e sereno.

O grau de conflitualidade potencial em qualquer organização não depende apenas do fator humano. Existem formatos organizacionais mais propícios ao conflito do que outros. O Supremo adotou decisões nos últimos anos que estimularam ambiente não cooperativo e intraconcorrencial.

A primeira decisão foi permitir a ministros falarem fora dos autos e das sessões de julgamento. Esse padrão começou como defesa dos interesses orçamentários e administrativos do Judiciário perante críticas do

---

* Publicado no jornal *Folha de S.Paulo* em 6 de dezembro de 2009.

Congresso. Depois se ampliou para pronunciamentos isolados, que pretendiam ser opiniões em tese, mas são cada vez mais relacionados a casos concretos e a divergências doutrinárias entre ministros. Revelando, sugerindo ou insinuando pré-opiniões, pré-posicionamentos, prejulgamentos.

Esse comportamento faz do instante da celebridade individual a erosão da legitimidade institucional.

Esse padrão se expandiu, contaminando inclusive instâncias inferiores. Muitas vezes o julgamento começa em entrevistas em jornais e TV, concretiza-se ou não em votos e continua em debates entre magistrados na mídia.

Alguns ministros ainda seguem o conselho de Disraeli: nunca se desculpar, nunca se explicar, nunca se queixar. A não ser, é claro, nos autos. No entanto, o abandono do silêncio e do recato é crescente.

Esse comportamento organizacional acabou por agravar um clima de insegurança jurídica perante a opinião pública que dificilmente distingue o Ministro do Supremo da instituição Supremo. Aquele se incorpora nesta.

A segunda decisão foi se abrir ao Brasil e ao mundo, transmitindo ao vivo suas sessões, numa política de transparência total de objetivos meritosos que estimularia a compreensão popular da interpretação constitucional. O cidadão tocaria com os olhos o fazer da Constituição e avançariam a educação cívica, a obediência à lei e a implantação do estado de direito.

Acontece que, no estado de direito, o Supremo enfrenta paradoxo que exige delicada cautela. Sua maior contribuição é assegurar que decisões sejam percebidas como imparciais e racionais, mesmo sabendo que elas dificilmente o são.

Existe margem de discricionariedade inerente ao ato de julgar em que múltiplas opções políticas, balizadas pelas diferentes formas legais, traduzem-se em doutrinas jurídicas diferentes. E estas, em votos divergentes. Todos plausíveis, diria Eros Grau.

A intensa publicização da individualização das divergências gera custos políticos, pretenda-se ou não. Massifica compreensões e incompreensões na sociedade. Revela preferências e individualismos.

A simbologia política da impessoalidade e da imparcialidade, ao se desfazer no ar, de tão sólida, estimula uma deslegitimação, pois não existe direito fora de sua comunicação.

A terceira decisão organizacional pode contribuir para esse mal-estar: o Presidente do Supremo é também o do Conselho Nacional de Justiça. Às vezes, este tem que falar, aquele tem que calar. Às vezes o CNJ decide numa direção e o Supremo o corrige noutra. O Presidente de ambos envia mensagem diferente à opinião pública.

O fato é que a autoridade do Supremo reside também na raridade de sua fala, alerta Paulo Daflon. Reside não apenas na incerteza legal da decisão como também na previsibilidade e no rigor do rito decisório, que deve ser cada vez mais colegiadamente institucionalizado, cada vez menos autonomamente individualizado.

Quando se abandona esse padrão, a sociedade reage. Propostas de emenda à Constituição para mudar o mandato dos ministros, acabar com a vitaliciedade terrena eterna e tornar mais rigoroso o processo seletivo ganham força no Congresso.

Na democracia, o Supremo é *locus* e arena das divergências interpretativas. Sem divergências, estaríamos na ditadura judicial. É bom também que a cidadania entenda cada vez melhor de opções políticas judicializadas.

Mas é indispensável que isso seja feito em ambiente organizacional colaborativo, com limites claros para comportamentos individuais aos ministros. Do contrário, mal está.

Nota

[1.] Três dias antes da publicação deste artigo, os Ministros Dias Toffoli e Joaquim Barbosa tiveram uma discussão em plenário a respeito do processo conhecido como "Mensalão mineiro". Nesse processo, o Ministro Joaquim Barbosa era o relator da ação e havia votado pelo seu recebimento. Já o Ministro Dias Toffoli votava pelo não recebimento por duvidar de algumas provas ali apresentadas. O Ministro Joaquim Barbosa o interrompeu algumas vezes por entender que a análise das provas é feita em outro momento. Em maio do mesmo ano, os Ministros Joaquim Barbosa e Gilmar Mendes vivenciaram acaloradas discussões em plenário.

HUMOR E ELEIÇÃO, TELEVISÃO E RELIGIÃO*

A partidarização ativista de uma rede de televisão é impensável no Brasil, pois não faz parte de nossa cultura democrática.

A mídia noticiou como vitória da democracia a decisão do Ministro Ayres Britto de considerar inconstitucional a proibição de televisões veicularem charges, sátiras e programas humorísticos que envolvam candidatos, partidos ou coligações.[1] O humor é livre.

Analisando, no entanto, mais de perto a decisão do ministro, algumas sutilezas ressaltam. A mais importante delas é o final do voto. O ministro diz que não se trata de descambar para a propaganda política passando a, nitidamente, favorecer uma das partes na disputa eleitoral de modo a desequilibrar o princípio da "paridade das armas".

Ou seja, as televisões hão de se equilibrar em ambos os princípios: o do humor livre e o da paridade das armas. O cerne do raciocínio do ministro é o de que existe uma relação de interdependência e de retroalimentação entre a liberdade de comunicação e o processo eleitoral. Este reforça aquele e aquele reforça este.

O Brasil fez, há décadas, uma opção por uma cultura eleitoral favorecendo uma legislação em que o eleitor tenha uma exposição aos meios de comunicação – televisões – o mais imparcial possível. Daí o horário eleitoral, as regras dos debates, que constituem um valor objetivo, diria o professor Pedro Cantisano.

---

* Publicado no "Blog do Noblat" em 14 de setembro de 2010.

Objetivo, porque compartilhado socialmente, não envolve apenas a proteção de um direito subjetivo individual (redes de TV), mas um ideal de sociedade comprometida com publicidade e imparcialidade de fatos, opiniões e agora humores, durante o processo eleitoral.

Esse equilíbrio entre a liberdade de fazer crítica e humor e a busca da imparcialidade das televisões no período eleitoral é o cerne de nossa Justiça eleitoral. É o equilíbrio da equidistância, poderia ter dito o também poeta Carlos Ayres Britto.

Na verdade, o princípio da liberdade televisiva equidistante já faz de alguma maneira parte de nossa cultura eleitoral. Desconheço qualquer ação judicial de qualquer candidato ou partido contra a televisão por esta ter feito um programa humorístico crítico contra sua candidatura.

A principal consequência da decisão do ministro é que ela dá um cheque em branco apenas preventivo para que a televisão, ou melhor, o setor televisivo, se autorregule, pondere, seja equilibrado no uso de seus recursos tecnológicos e nos programas humorísticos. Tal como tem sido no jornalismo.

A politização partidária radical da televisão, como acontece agora nos Estados Unidos com a Fox News, tem preocupado não somente os políticos e os cidadãos mas a própria mídia americana. Tende a ser fator desestabilizador da democracia. A aberta, confessional, ativista partidarização de uma rede de televisão é hoje impensável no Brasil, pois não faz parte de nossa cultura democrática.

Diante da crescente inter-relação entre religião, partidos e redes de televisão, alguns temem que essa decisão do Supremo estimule a ativista partidarização religiosa da televisão. A responsabilidade de entidades como a Associação Brasileira de Emissoras de Rádio e Televisão (Abert), que propôs a ação de inconstitucionalidade, cresce, então, e muito.[2]

As redes de televisão, sabendo usar mais uma liberdade que o Supremo reconhece aos meios de comunicação, retroalimentam e consolidam o estado democrático de direito. Não sabendo, não será improvável que o futuro Congresso, longe da pressão eleitoral, resolva relegislar para manter o princípio da independência plena de despartidarização das televisões. E, assim, assegure a "paridade das armas", conforme decidiu o ministro.

Notas

[1.] Na ação (ADI nº 4.451) proposta no Supremo contra o artigo 45, incisos II e III, da Lei nº 9504/97, que proibia durante o período eleitoral - a partir de 1º de julho - trucagem, montagem ou outro recurso de áudio ou vídeo que degradassem ou ridicularizassem candidato, partido ou coligação, o Ministro Ayres Britto concedeu uma liminar para afastar a obrigatoriedade desses incisos, permitindo que programas de televisão, rádio e internet pudessem fazer charges, sátiras e paródias dos candidatos, partidos ou coligações durante as eleições. A decisão está disponível em <www.stf.jus.br/portal/cms/verNoticiaDetalhe.asp?idConteudo=159758>. Acesso em 19 out. 2014.

[2.] O objetivo da Abert é defender a liberdade de expressão e os interesses das emissoras de radiodifusão.

O SUPREMO E A OPINIÃO PÚBLICA*

*Até que ponto a opinião pública influencia o voto
dos Ministros do Supremo? E vice-versa?*

Um dos enigmas ainda não completamente decifrados da ciência política e do conhecimento jurídico de base empírica é saber até que ponto a opinião pública influencia o voto dos Ministros do Supremo ou o comportamento do próprio tribunal como Corte constitucional, seja no curto, médio ou longo prazos.

Enquanto alguns ministros aparentam desprezo olímpico pela opinião pública, outros acreditam que como representantes da sociedade no exercício do poder estatal de julgar, devem sim, e muito, considerar a opinião pública.

A esse enigma podemos juntar outro: até que ponto o Supremo influencia a opinião pública? Trata-se do enigma inverso. O empate na votação da constitucionalidade da Lei Complementar nº 135/10 (a Lei da Ficha Limpa) pode esboçar algumas respostas iniciais.

A constitucionalidade da lei dividiu o Supremo. Mas não dividiu o eleitorado, que desde o início foi favorável à "ficha limpa".[1] O próprio projeto de lei foi fruto de emenda popular, de intensa mobilização via internet e de irrestrito apoio das organizações sociais e da mídia em geral.

---

* Publicado em coautoria com Fabiana Luci de Oliveira na revista *Conjuntura Econômica* em fevereiro de 2011.

Aliás, uma das interpretações plausíveis para explicar por que um Congresso no qual dois em cada sete dos seus membros respondiam a processo[2] aprovou essa lei reside justamente na pressão da opinião pública.

Essa pressão resultou da convergência momentânea entre: (a) o voto nominal e aberto exigido pelo Regimento Interno de ambas as Casas; (b) a transmissão ao vivo da sessão de votação e sua imediata difusão via televisão e internet; e (c) o *timing* eleitoral, com a lei sendo votada no mesmo ano das eleições.

Os congressistas teriam tido receio de que, se a lei não fosse aprovada, o eleitor reagiria, não reconduzindo ao cargo aqueles contrários a ela. A pressão da opinião pública sobre o Congresso se materializa pelo voto. Os congressistas estão sujeitos a *accountability*[3] vertical, exercida pelo eleitorado via eleições.

Mas e o Supremo?

Os ministros do tribunal não são eleitos, não estando, assim, submetidos a *accountability* vertical. Ficaram divididos. Não decidiram nem favorável nem contrariamente à vontade majoritária da sociedade.

Tal vontade majoritária, confirmou pesquisa da Associação dos Magistrados Brasileiros conduzida em agosto de 2010,[4] é francamente favorável à Lei: 85% dos brasileiros declararam-se favoráveis à Lei da Ficha Limpa; 3% se disseram contrários; e apenas 12% afirmaram não conhecer a Lei.

Pesquisa de amplitude nacional de percepção do eleitor votante em outubro de 2010, realizada pela FGV Direito Rio uma semana após as eleições,[5] confirma essa ampla predisposição:

a) cerca de 85% dos eleitores se declararam favoráveis à Lei;

b) cerca de 73% souberam definir corretamente o teor da Lei;

c) cerca de 83% declararam-se favoráveis à imediata validade da Lei;

d) dos 85% dos eleitores que declararam conhecer a Lei, 73% consideraram a Lei na hora de escolher seus candidatos. Ou seja, aproximadamente 53% do total do eleitorado;

e) cerca de 90% consideraram correta a decisão do Supremo Tribunal Federal de fazer valer a Lei da Ficha nas eleições de 2010, e que "os candidatos ficha suja que foram eleitos devem perder os cargos";

f) alertados de que a divisão do Supremo devia-se a um embate entre dois princípios democráticos, de um lado o respeito ao direito individual do candidato na medida em que a lei alterava o processo eleitoral depois de iniciado e, de outro, a busca da moralidade eleitoral, 83% dos eleitores optaram pela busca da moralidade eleitoral;

g) o eleitor conhece a Lei da Ficha Limpa, no entanto, conhece muito pouco da atuação do Supremo no caso. Só 6% do total do eleitorado tomou conhecimento da atuação do Supremo. Conhecimento que, aliás, varia positivamente de acordo com a renda e a escolaridade.[6]

A paralisia devido ao empate no Supremo, criando um dos momentos de maior incerteza eleitoral dos últimos anos, não chamou a atenção do eleitor.

Indagados sobre os fatos marcantes das eleições de 2010, os principais temas citados foram a disputa e as agressões trocadas entre Dilma e Serra (15% das menções) e a corrupção entre candidatos (9%). Apenas cerca de 1% dos entrevistados mencionaram a Lei da Ficha Limpa (todavia sem referência alguma ao embate sobre sua constitucionalidade). Ou seja, só uma minoria de alta renda e escolaridade, sobretudo, percebe eventuais crises institucionais como essa.

Tudo indica que estamos na confluência de dois fatores. Um, tradicional, o desconhecimento da maioria do eleitorado sobre o funcionamento das instituições judiciais. Outro, uma sólida opção de valor político-jurídico feita pelo eleitor, que precede a atuação do Supremo e não conhece sua divisão. Vota sem hesitações.

O Supremo poderia certamente ir contra essa sólida opção pela Ficha Limpa, adiando a validade da Lei ou mesmo declarando-a inconstitucional. Seria um cenário paradoxal. O eleitor sendo obrigado a aceitar as candidaturas dos "fichas suja" por uma força que lhes representa, mas que lhes é invisível e atua fora de sua percepção: o *ius imperium* judicial.

A sólida opção pelo aperfeiçoamento da moralidade do processo eleitoral e da representação democrática está, na percepção e no desconhecimento do eleitor, acima de eventuais debates doutrinários. Mesmo em nome do aperfeiçoamento da garantia dos direitos individuais.

A moralidade que adviria da Lei da Ficha Limpa aparece quase como uma necessidade individual. Sentimento natural de justiça, perguntariam Cláudio e Solange Souto?[7]

O Supremo poderia ir contra a opinião pública. Porém, dificilmente a influenciaria. O resultado seria provavelmente o espanto do eleitorado, que muitas vezes precede a descrença nas instituições. Por quantas vezes e com que intensidade o Supremo pode desconhecer a opinião pública sem riscos para a democracia? Seu capital de legitimidade é infinito?

Os ministros não estão diretamente suscetíveis a *accountability* vertical, mas não podem ignorar que sua legitimidade e autoridade dependem também do respeito às suas decisões, da predisposição de aceitação dessas decisões e do seu efetivo cumprimento pelos cidadãos.

Notas

[1.] Ver FALCÃO, Joaquim e OLIVEIRA, Fabiana Luci. "Poder Judiciário e competição política: as eleições de 2010 e a Lei da 'Ficha-Limpa'". Disponível em <direitorio.fgv.br/sites/direitorio.fgv.br/files/Luci%20e%20Falc%C3%A3o.pdf>. Acesso em 11 jul. 2014.

[2.] Levantamento realizado pelo site de notícias Congresso em Foco indica que em maio de 2010 havia 397 processos abertos contra 169 congressistas. Os processos versavam principalmente sobre crime de responsabilidade, peculato, formação de quadrilha, crimes eleitorais, crimes contra a ordem tributária e a Lei de Licitações.

[3.] Trata-se da ideia de prestar contas ao eleitorado, justificar suas ações.

[4.] Pesquisa de Opinião Pública e Política. Disponível em <www.amb.com.br/docs/pesquisa/PerfilEleitor-AMB.pdf>. Acesso em 19 out. 2014.

[5.] Dados de *survey* nacional Poder Judiciário e Eleições 2010, conduzido pelo Centro de Justiça e Sociedade da Escola de Direito da Fundação Getulio Vargas no Rio de Janeiro. Foram entrevistados 1.300 eleitores entre os dias 5 e 9 de novembro de 2010. O *survey* foi desenhado com o objetivo de apreender a visão do brasileiro acerca do envolvimento do Poder Judiciário no processo eleitoral e mensurar a percepção quanto ao seu desempenho nas eleições de 2010, dando destaque especial ao episódio da validade da Lei da "Ficha Limpa". Artigo sobre a pesquisa, de Fabiana Oliveira e Joaquim Falcão, disponível em <www.scielo.br/scielo.php?script=sci_arttext&pid=S0104-62762012000200004>. Acesso em 29 abr. 2015.

[6.] Quanto maior a renda e a escolaridade do eleitor, maior esse conhecimento: apenas 4% dos eleitores de baixa renda declararam conhecer a atuação do Supremo no caso da Lei da Ficha Limpa, contra 17% dos eleitores de alta renda. Entre os eleitores de baixa escolaridade, o percentual dos que declararam conhecer o envolvimento do Supremo no caso foi de 4%, contra 9% daqueles com alta escolaridade.

[7.] Ver SOUTO, Solange e SOUTO, Cláudio. *Sociologia do Direito*. Porto Alegre: S.A. Fabris, 2003.

O PESO DA VONTADE POPULAR ESTÁ NO CENTRO DO DEBATE NO SUPREMO*

Por que um ilustre doutrinador estrangeiro deve influenciar o voto de um Ministro do Supremo mais do que a opinião da maioria dos brasileiros?

Até que ponto o Supremo Tribunal Federal deve ir contra a vontade do povo? Vontade do povo concretizada em emenda popular votada, aprovada e transformada na Lei da Ficha Limpa pelo Congresso Nacional? Lei que obteve o consenso da mídia e das redes sociais demonstrado por pesquisas? Esse foi o debate principal da decisão do Supremo de ontem.

Quem oportunamente levantou essa questão foi o Ministro Luiz Fux. Ele não viu motivos para o Supremo ir contra a vontade do povo, constitucionalmente fundamentada na moralidade da vida política e socialmente sustentada. Foi logo apoiado pelos Ministros Joaquim Barbosa, Lewandowski, Cármen Lúcia, Ayres Britto e Rosa Weber.

O Ministro Gilmar Mendes, porém, foi contra. Tentou, sem êxito, minimizar a influência da opinião popular, da mídia e dos congressistas na decisão de um Ministro da Corte. O Supremo teria a função, em alguns casos, de limitar a vontade da maioria popular e congressual – função majoritária, diz a doutrina –, ou seja, nesse caso, declarar a Ficha Limpa inconstitucional.

O debate clássico no direito é este. Quem influencia uma decisão do Supremo? Em nome de que um ilustre jurista estrangeiro deve

---

* Publicado no jornal *Folha de S.Paulo* em 17 de fevereiro de 2012.

influenciar o voto de um Ministro do Supremo mais do que a opinião da maioria de seus cidadãos?

Essa discussão aparentemente teórica tem importância vital para o Brasil de hoje e de amanhã. A maneira pela qual a Lei da Ficha Limpa foi feita – com mobilização popular, apoio da mídia, mobilização tecnológica, emenda popular, transparência na votação do Congresso – aponta para um novo tipo de democracia.

É uma democracia além da eleitoral, participativa também das grandes e cotidianas decisões nacionais.

A liberdade de imprensa, a tecnologia das redes sociais e a maturidade educacional dos cidadãos – tudo conduz a uma maior demanda de participação popular. Este é um futuro democrático inevitável.

A maioria dos ministros entendeu que não havia justificativa para desprezar a vontade popular e a dos congressistas. A maioria do povo não pede o holocausto nem a crucificação de Jesus. Não é o caso, mas Gilmar Mendes defendeu com esse exemplo a sua posição. A opinião pública pede só mais moralidade pública.

Em que momentos, muitos especiais, o Supremo deve assumir o que se chama de posição contramajoritária? O debate sobre os limites de um Supremo acima da vontade popular está colocado.

A FORÇA POLÍTICA DA ÉTICA*

Trata-se de provar à opinião pública que algumas autoridades judiciais não usam a administração da Justiça, que é bem público, como bem privado.

A ética pública está impaciente. Impaciência poderosa. Aqui e no exterior. Em relação ao Executivo, ao Legislativo e ao Judiciário. Deverá ser fator importante nas nossas eleições. Às vezes, a força política da ética tem se imposto à força normativa da lei.

O Presidente da Alemanha não esperou a conclusão do processo sobre tráfico de influência.[1] Renunciou. O rei Juan Carlos não esperou conclusões sobre o mal uso de recursos públicos por seu genro.[2] Afastou-o da família real. A Presidente Dilma não esperou apurar denúncias contra ministros.[3] Conduziu-os à demissão.

A ética pública está com pressa. Pressionou o Congresso para aprovar a Lei da Ficha Limpa. E o Supremo também. Apoia a Ministra Eliana Calmon em sua cruzada por uma administração judicial mais ética e transparente. Está impaciente com os resultados do foro privilegiado para políticos.[4] Apoia a exigência de contas aprovadas para candidatos. A Comissão de Ética Pública funciona.[5]

A impaciência não é contra o Presidente alemão, o genro espanhol, políticos e magistrados brasileiros. É maior: é com a necessidade de as instituições do estado democrático de direito controlarem e punirem. Não se constroem instituições legítimas e

---

* Publicado no jornal *Folha de S.Paulo* em 18 de março de 2012.

eficientes em ambiente de anemia ética, de perda de legitimidade institucional.

Sintomas de anemia variam na história. O regime militar perdeu legitimidade porque não restaurou a liberdade e as eleições diretas e aumentou a desigualdade social. O sintoma hoje é outro.

A plena liberdade de informação e a expansão da mídia tecnológica evidenciam que algumas instituições públicas estariam sendo apropriadas por corporativismos. O sintoma é a sua apropriação, seu aparelhamento por alguns partidos, profissões, sindicatos, empresas, grupos ou indivíduos. Usam como seu algo que é da nação.

Seria sincera a adesão de autoridades a princípios éticos? Ou mera estratégia de prevenção de dano, cálculo custo-benefício? Diante da probabilidade de confirmação das denúncias, agem logo. Os danos à legitimidade de sua autoridade serão menores agora do que mais tarde.

A democracia é um regime que exige recíprocas legitimações. Devemos ao outro o mesmo respeito que temos por nós mesmos. Se podemos ter princípios éticos, e defendê-los, por que as autoridades públicas não podem ter? Podem, sim.

Combater a anemia do poder público implica restaurar o vigor de sua legitimidade. Este é, por exemplo, um desafio do Judiciário, maior do que a disputa entre associações de magistrados e o Conselho Nacional de Justiça. Ou de Ministros do Supremo entre si.

Provar à opinião pública que algumas autoridades judiciais não usam a administração da Justiça, que é tanto bem público como bem privado. Como provar?

Aplicar a força normativa da lei individualmente é necessário, mas insuficiente. A opinião pública está indignada é com a cultura de pagamentos benevolentes, mesmo que aparentemente legais e de boa-fé, das administrações passadas, por exemplo, do Tribunal de Justiça de São Paulo.[6] Mais do que com magistrados determinados.

O desafio é maior do que controlar individualmente. É mudar a cultura da sangria ética. Rever leis, interpretações, práticas administrativas, processos decisórios. Reinventar a administração judiciária. Reconquistar a ética perdida não se sabe bem onde, como e quando.

Notas

[1.] Em 17 de fevereiro de 2012, o então Presidente da Alemanha, Christian Wulff, renunciou em razão de denúncias de corrupção e tráfico de influência.

[2.] O rei da Espanha Juan Carlos afastou seu genro Iñaki Urdangarín, casado com sua filha infanta Cristina, duquesa de Palma de Mallorca, que responde a um processo penal por corrupção, juntamente com seu sócio Diego Torres.

[3.] Em 2011, a Presidente Dilma Rousseff demitiu sete ministros: Alfredo Nascimento (Transportes), Pedro Novais (Turismo), Orlando Silva (Esporte), Antonio Palocci (Casa Civil), Wagner Rossi (Agricultura), Carlos Luppi (Trabalho) e Mário Negromonte (Cidades).

[4.] Para aprofundar o tema do foro privilegiado, ver JORDÃO, Eduardo Ferreira e ALMEIDA, Artur Ferrari. "A competência especial por prerrogativa de função para ex-agentes públicos: uma análise do julgamento das ADI nº 2.797-DF e nº 2.860-DF", *Revista Brasileira de Direito Público*, vol. 6, 2008, p. 61-89.

[5.] A Comissão de Ética Pública é vinculada à Presidência da República e é responsável por fazer com que a alta administração federal cumpra o Código de Ética por ela instituído.

[6.] Em 8 de dezembro de 2011, o jornal *Folha de S.Paulo* publicou a reportagem "Juízes de SP receberam R$ 1 mi de uma vez", na qual se afirmava que 17 Desembargadores do Tribunal de Justiça de São Paulo poderiam ter recebido indevidamente R$ 17 milhões em 2010.

QUE COMPORTAMENTO SE DEVE EXIGIR DE UM MINISTRO DO SUPREMO?*

As agendas, os encontros e as atividades de caráter político dos ministros deveriam ser publicados de antemão.

O encontro particular entre o ex-Presidente Lula e o Ministro Gilmar Mendes levanta vários debates.[1] Os mais imediatos são sobre comportamento pessoal e impacto desse encontro no julgamento do Mensalão. Mas o encontro levanta também outra importante discussão.

Na democracia, precisamos de um Supremo independente e imparcial. Não é privilégio o que a Constituição lhe concedeu. É um direito e uma necessidade dos cidadãos. É um dever dos ministros. Por isso, a sociedade precisa decidir qual comportamento profissional e pessoal dos ministros melhor assegura esse direito.

Além de reputação ilibada e notável saber jurídico, o que mais se deve exigir de um Ministro do Supremo? Esse tema é atual porque Dilma deve indicar neste ano pelo menos dois novos ministros. Que perfis ela escolherá?

Excluindo a presidência do Supremo, que tem obrigações próprias, no Supremo há hoje dois perfis distintos. De um lado, ministros mais discretos, com vida pessoal recatada e que não se pronunciam, exceto nas audiências, e que mantêm distância de Executivo, de Legislativo e de representantes de interesses em julgamento. Por outro lado, há ministros que se pronunciam fora dos autos, estão diariamente na

---

* Publicado no jornal *Folha de S.Paulo* em 31 de maio de 2012.

mídia, mantêm contatos políticos, participam de seminários e reuniões com grupos de interesse.

A questão crucial, dizem uns, não é se o ministro deve falar fora dos julgamentos, estar na mídia ou se relacionar social e politicamente. A questão é haver transparência antes, durante e depois dos relacionamentos. E que não se faça política. Suas agendas, seus encontros, suas atividades deveriam ser publicados de antemão.

Em alguns países o juiz não recebe uma parte sem a presença da outra, tão grande é a preocupação com a imparcialidade. Como aqui o faz o Ministro Joaquim Barbosa. Ou grava-se a conversa dos encontros para assegurar a fidelidade do que ocorreu e proteger o ministro de propostas inadequadas.

Como aperfeiçoar o direito dos cidadãos a magistrados independentes e imparciais, evitando situação como o encontro entre Lula e o Ministro Gilmar Mendes, é a grande tarefa democrática.

Nota

[1.] A revista *Veja* de 27 de maio trouxe uma reportagem em que o Ministro Gilmar Mendes afirma ter se encontrado com o ex-Presidente Lula no escritório do ex-Ministro Nelson Jobim em abril de 2012, às vésperas do julgamento do Mensalão. Afirmava ainda que teria sofrido pressão de Lula em relação ao processo do Mensalão (Ação Penal nº 470).

APESAR DOS OBSTÁCULOS, O ENCONTRO DO SUPREMO COM A OPINIÃO PÚBLICA VEIO PARA FICAR*

A opinião pública inevitavelmente informa, mas não forma nem deforma, necessariamente, uma decisão do Supremo.

O encontro do Supremo com a opinião pública veio para ficar. Não se sabe ainda como vai se desdobrar e se institucionalizar. Sabe-se, no entanto, que os ministros precisam superar a aversão a serem avaliados, e a opinião pública impulsiva precisa superar a tendência de às vezes ser opressiva.

A opinião pública inevitavelmente informa, mas não forma nem deforma, necessariamente, uma decisão do Supremo. O fato é que, na democracia, a legitimidade do Supremo e a eficácia de suas decisões dependem muito desse encontro. Convergência, aliás, que começou quando a pauta do Supremo foi sintonizada com a da opinião pública e do povo. Quando passou a privilegiar menos as teses jurídicas, como lembra Nelson Jobim, e mais a resolução dos conflitos que atingem o cotidiano de todos.[1]

E o Supremo se fortalece quando os ministros, argumentando com força legal e sentimento de justiça,[2] entendem-se e são entendidos. Quando se tratam sem preconceitos, com respeito mútuo e solidário e generosidade profissional.

A clareza tem sido fundamental para, além de encontro, haver entendimento. Dispensar a cansativa erudição dos votos, que muitas vezes esconde e confunde, em favor da objetividade é caminho que

---

* Publicado no jornal *Folha de S.Paulo* em 2 de setembro de 2012.

muitos ministros já adotam. O que vale não é a retórica da erudição, mas a qualidade da argumentação.

A opinião pública está saturada das eventuais dúvidas sobre regimento, que devem ser pacificadas antes das sessões. De modo que é indispensável ao direito de defesa que o regimento seja rumo eficiente e não arena de imprevisibilidades, e os advogados saibam como se conduzir.

O que busca a opinião pública é um Supremo não protelatório, que se recusa a ser manipulado por qualquer das partes. Hoje, cerca de 80% das decisões são sobre agravos de instrumentos que, em nome do necessário direito de defesa e do devido processo legal, prejudicam a ambos.

E o povo está cada vez mais atento quando ministros pedem vistas paralisantes – e desaparecem com os processos, por motivo político ou por receio de seu ponto de vista perder.

Mas o que se espera do Supremo? Que faça seu serviço como está fazendo. O Supremo tem a honra de ser o Supremo servidor público. Que então produza decisões finais e não infindáveis decisões. Decisões que contribuam para a paz social.

De resto, não custa lembrar o Ministro Cezar Peluso de que os ministros sejam graves. Pois grave é a sua responsabilidade perante a opinião pública, a nação e a história.

Notas

[1.] FALCÃO, Joaquim e OLIVEIRA, Luci de. "O STF e a agenda pública nacional: de outro desconhecido a Supremo protagonista?", *Lua Nova* (impresso), 2013, p. 429-469.

[2.] SOUTO, Cláudio. *Magistratura brasileira e ideologia formalista*. Disponível em <periodicos.ufsc.br/index.php/sequencia/article/view/16232/14781%3E>. Acesso em 11 jul. 2014.

O SUCESSO DO SUPREMO, OS PROBLEMAS DO SUPREMO*

A crescente confiança do povo no Supremo depende do encontro entre a sua agenda e a pauta do povo.

O Supremo está de bem com o povo.[1] Mas há milhares de casos represados. Quando surge um de grande repercussão, outros tantos param, as partes sofrem.

A confiança do cidadão no Supremo Tribunal Federal vinha crescendo desde a decisão a favor do Conselho Nacional de Justiça contra Desembargadores que queriam calar a Ministra Eliana Calmon. Tal confiança cresceu ainda mais com o Mensalão, como pesquisas da Fundação Getulio Vargas de São Paulo[2] e do Instituto de Pesquisas Sociais, Políticas e Econômicas (Ipespe)[3] já demonstram.

Surgem algumas questões: essa confiança se manterá? Beneficiará o Judiciário como um todo?

O cerne do sucesso foi o encontro da agenda do Supremo com a pauta do povo. Feliz encontro, na Ficha Limpa, na união homoafetiva, no aborto anencéfalo e tantos outros. Juntou-se a força jurídica do Supremo com a força política da ética. O que parecia um risco — as disputas e as descortesias entre ministros, os descaminhos na televisão ao vivo durante o Mensalão —, não o foi tanto.

O maior perigo para a imagem do Supremo não é a TV Justiça. São as intrigas entre ministros, as insinuações, as antecipações em

---

* Publicado no jornal *Folha de S.Paulo* em 16 de dezembro de 2012.

on e *off*, os encontros moralmente indevidos a sugerir bastidores judiciais antirrepublicanos.

O Supremo não parece querer enfrentar o problema da ânsia midiática de alguns ministros nem parece querer criar um código de conduta de vida pública para seus ministros. O resultado pode ser a expansão dessa ânsia para tribunais e outros profissionais jurídicos: Ministério Público, Polícia Federal e inclusive o CNJ. Isso fere o devido processo legal.

O ativismo judicial a temer não é jurídico. É midiático. Traz insegurança jurídica. Gasta a legitimidade institucional.

O Supremo deverá também enfrentar uma múltipla insegurança operacional. Dados preliminares elaborados pelos pesquisadores Ivar Hartmann e Daniel M. Chada mostram que os ministros fizeram mais de 3.500 pedidos de vista desde 1988.[4] Existe processo que ficou 7.311 dias parado. De 1988 a 2011, o pedido de vista atrasa, em geral, 377 dias o processo. Sem falar em cerca de 2.500 processos já decididos, aguardando o acórdão ser publicado. Justiça parada.

Insegurança operacional também na prática da repercussão geral, saudada como solução, mas que tem sido bomba de retardamento. Ao reconhecer a repercussão geral de um caso, o Supremo paralisa milhares de outros. Criam-se tribunais-dique. As partes não se beneficiam. Falha a modernização. No Congresso dos magistrados de Santa Catarina, por exemplo, chegou-se à estimativa de que mais de 600 mil casos estão represados, aguardando o Supremo.[5] O Ministro Joaquim Barbosa terá de enfrentar e solucionar a repercussão geral protelatória.

Daqui para a frente, tudo vai depender de como a liderança de Joaquim Barbosa vai gerir o enorme capital de legitimidade que o Supremo conseguiu com o Mensalão. O que não é pouco. Vamos acompanhar.

Notas

[1] Ricardo Noblat realizou em seu blog uma enquete em agosto de 2012 - no início do julgamento do processo pelo Supremo - na qual perguntava qual o interesse que o leitor de seu blog tinha no Mensalão; 75,08% responderam que estavam muito interessados. A íntegra dos resultados da pesquisa está disponível em <noblat.oglobo.globo.com/noticias/noticia/2012/08/nova-enquete-toffoli-deveria-participar-do-julgamento-do-mensalao-460045.html>. Acesso em 19 out. 2014.

[2] O Índice de Confiança no Poder Judiciário medido pela Direito FGV no 2º e 3º trimestres de 2012 foi de 5,5 contra 5,2 do 1º trimestre. A percepção também aumentou de 3,8, no 1º trimestre de 2012, para 4,2 nos 2º e 3º trimestres de 2012. Os relatórios dessas pesquisas estão disponíveis em <bibliotecadigital.fgv.br/dspace/handle/10438/10282>. Acesso em 19 out. 2014.

[3] O Ipespe fez uma pesquisa, intitulada "Barômetro de Pernambuco", que mostra que a avaliação do Judiciário hoje é melhor do que cinco anos atrás. O resumo de resultados da pesquisa está disponível em <pt.slideshare.net/datafolhaeleicoes/barmetro-pernambuco>. Acesso em 29 abr. 2015.

[4] Esses dados estão no relatório *O Supremo e o Tempo*. Disponível em <www.supremoemnumeros.com.br>. Acesso em 19 out. 2014.

[5] O Congresso dos Magistrados de Santa Catarina, organizado pela Associação dos Magistrados Catarinenses, ocorreu nos dias 30 de novembro e 1º de dezembro de 2012.

O SUPREMO SOFRE PRESSÃO?*

*Um juiz uma vez disse com óbvia simplicidade:
"Quando julgo, sei que serei julgado."*

O Ministro Luís Roberto Barroso afirmou que não aceitará pressão no Mensalão, que ninguém o pauta, "nem governo, nem opinião pública, nem imprensa, nem Congresso". Tem razão o ministro. Ministro do Supremo existe para não aceitar pressão, implícita ou explícita, pretérita ou futura, de quem quer que seja: do Executivo, do Judiciário, da sociedade, dos colegas, dos profissionais de direito, das empresas, dos promotores ou dos réus, da mídia ou da opinião pública.

Mas um juiz uma vez disse com uma simplicidade ululante: "Quando julgo, sei que serei julgado." É inevitável. Agir é ser julgado. Quem age, quem decide, sobretudo em postos de poder e visibilidade, como o de um Ministro do Supremo, é julgado, ou pelo menos avaliado, por todos os interessados.

Direi mais, até. Por todos os que tomam conhecimento, interessados ou não, nesse julgamento. Ninguém fica neutro diante de uma decisão ou de uma notícia que em algum ponto pode interferir em sua vida.

Com a TV Justiça, o Brasil saiu na frente nessa democratização da informação sobre a Justiça. Com a crescente liberdade de imprensa, o intenso desenvolvimento da tecnologia da informação e a demanda cidadã de participação nas decisões do governo estatal – e

---

* Publicado no jornal *Correio Braziliense* em 16 de junho de 2013.

o Judiciário faz parte desse poder –, as relações entre mídia, opinião pública e Supremo estão cada dia mais intensas e decisivas.

O desafio, no plano descritivo, como gosta de dizer o novo ministro, é que alguns magistrados, ainda não acostumados a esse novo estágio da evolução democrática, parecem desvalorizar a opinião pública e repetem um mantra: "Sou imune, sou inviolável, sou independente, ninguém me pressiona."

Essa atitude de isolamento muitas vezes parece uma recusa do magistrado a se autoanalisar, social e politicamente. No fundo, ele esconde um problema teórico importante: quem influencia a interpretação e o voto do ministro além da Constituição? A doutrina? O direito comparado? Os dados fáticos do processo? Quais fatos? Por que este e não aquele? Os avanços da ciência? A última conversa com os advogados? Os pareceres, os memoriais, o pedido de quem o nomeou? Ou suas preferências ideológicas, sexuais, religiosas?

Inexistem sentenças, acórdãos, votos que não tenham sido resultados de um conjunto de influências inevitáveis que o próprio juiz tenta organizar, reorganizar e administrar. Como diz o Ministro Barroso, pressão não se aceita. Mas influência é inevitável, acrescento. O Supremo ouve e fala para a opinião pública. E vice-versa. A opinião pública, a mídia, por sua vez, pode aceitar, respeitar, protestar, criticar e muito mais ainda.

Quando se constata o divórcio entre o Supremo, as demandas e os ideais dos cidadãos, estes podem reagir e propor novas leis no Congresso para mudar as decisões do Supremo. Podem influenciar novas indicações de ministros, podem até tentar mudar, via Congresso, o formato institucional do Supremo, reduzir o número de seus integrantes ou retirar-lhes o caráter vitalício.

A mídia, a opinião pública e os eleitores podem muito bem retirar a legitimidade de um magistrado. Como acontece, aliás, frequentemente. Podem deixar de acreditar nele. E *à la limite*, deixar de acreditar no próprio Judiciário.

Trata-se de um diálogo inevitável.

Aliás, um diálogo com regras institucionais claras. O magistrado não fala em *off*, não dá entrevistas sobre processos em julgamentos nem discute com o colega em público.

Barroso já afirmou que no dia seguinte à posse vai se posicionar ao lado dos ministros discretos e silenciosos, como Rosa Weber, Teori Zavascki, Cármen Lúcia.

Nas relações entre Supremo e opinião pública, que abrangem uma arena heterogênea e contraditória, diálogo, sim. Influência, sim. Aceitar pressão, não.

BARROSO ABRIU UMA EXCEÇÃO QUE NÃO ESTÁ NA CONSTITUIÇÃO*

A Constituição, como texto sozinho, não fala. É muda. Quem então é a voz da Constituição?

Afinal, quem decide se o Deputado Donadon[1] perde ou não o mandato por ter sido condenado? "A Constituição", responderiam todos. Mas a Constituição, como texto sozinho, não fala. É muda. Quem é a voz da Constituição?

Há muitos candidatos. O plenário do Supremo, o plenário da Câmara, o Presidente da Câmara, Henrique Alves, o Ministro Barroso. Múltiplas e incertas vozes. Há ainda as mudanças, ou aparentes mudanças, da voz de cada um. Será esse o caso da recente liminar do Ministro Barroso?

Antes, Barroso afirmara ao Brasil que o Supremo Tribunal Federal tem que se limitar ao texto da Constituição. Goste ou não. Se for além, o Supremo vira tutor-geral da República. Palavras suas. Assim, para Barroso, nesse caso a Câmara seria a voz da Constituição.

Agora, ele abre uma exceção. Se a pena em regime fechado for maior do que o que resta de mandato, a Câmara não fala mais. Só declara o que o STF falou. Só que no texto não há tal exceção. Essa interpretação constitucional contém a contradição das intenções conciliatórias.

Ao criar em liminar exceção fora do texto, Barroso considerou a "indignação cívica" causada pela secreta decisão do plenário da

---

* Publicado no jornal *Folha de S.Paulo* em 4 de setembro de 2013.

Câmara. A escolha da palavra indignação não deve ter sido gratuita. Remete obviamente às ruas. São as ruas que estão indignadas. Será que a voz da Constituição ouve a voz das ruas?

Será essa dissonância aguda de vozes necessária ao estado democrático de direito? O Ministro Joaquim Barbosa, cuja clara posição tem sido a de dar o poder de decisão ao STF, vai colocar a voz de Barroso em votação. Como transformar tantas vozes incertas em coral em favor da moralidade na política?

Nota

[1.] Natan Donadon, deputado federal, condenado pelo Supremo por peculato e formação de quadrilha. Foi a primeira Ação Penal com condenação a transitar em julgado no Supremo.

5. COMPETIÇÃO E TENSÃO ENTRE OS PODERES

O SUPREMO E A REVISÃO*

De agora em diante, quem muda a Constituição não é mais o Congresso. É o Supremo!

Engana-se quem quer ou os que não perceberam a tempo. O Supremo mudou. Até então, respeitando a área de elaboração e mudança da Constituição como de competência do Congresso, calava-se. Agora, não mais. O Supremo fala, discorda e se faz prevalecer. A liminar do Ministro Marco Aurélio, mesmo derrotada, é um sintoma.[1]

Tenham sobretudo em mente a afirmação do Ministro Gallotti de que o Supremo vai se pronunciar sobre a revisão[2] numa "gama de extensões possíveis". Esse fato político é fundamental e inédito na história do Brasil. Ninguém se deu conta. Só o Presidente Itamar se preocupava. Atualmente, deputados e senadores também.

A mudança do Supremo afeta a todos. Liquida ou, pelo menos, altera profundamente a revisão. De agora em diante, quem muda a Constituição não é mais o Congresso. É o Supremo. E tudo começou com o IPMF.[3] Vejamos.

Para julgar o IPMF, o Supremo estabeleceu uma hierarquia dentro da própria Constituição. Criou artigo de primeira e de segunda classes. Como no avião, a Constituição passou a ter primeira classe e classe turística. Com um detalhe: o artigo da primeira classe pode expulsar do voo os da classe turística que julgue indesejáveis. Foi o que aconteceu com o IPMF.

---

* Publicado no jornal *Folha de S.Paulo* em 1º de outubro de 1993.

O parágrafo 4º do artigo 60 – o da primeira classe, o das cláusulas pétreas – proíbe emenda que tenda a abolir a federação, o voto direto, a separação dos Poderes, os direitos e as garantias individuais. Embora a Constituição não diga o que significa "tendente a abolir", com base na expressão o Supremo julgou o artigo 150[4] inconstitucional. Irmão contra irmão. Ou seja, mesmo tendo o Congresso considerado que cobrar o IPMF no mesmo ano de sua criação não "tende a abolir" os direitos e as garantias individuais, o Supremo achou que tende. Mesmo tendo o Congresso considerado que a União taxar os estados e municípios "não tende a abolir" a federação, o Supremo julgou que tende.

É secundário saber quem tem razão. Importante é constatar o conflito de poder na elaboração da Constituição. E a nova atitude do Supremo.

Vou exemplificar para esclarecer melhor. Suponha, caro leitor, que a revisão constitucional pelo Congresso acabe com a estabilidade do servidor público ou com a aposentadoria com 25 anos de trabalho. Imediatamente, as associações vão, com base no parágrafo 4º do artigo 60, apelar ao Supremo dizendo que tais decisões "tendem a abolir" os direitos e as garantias individuais. O Supremo, em vez de dizer que isso é da competência do Congresso, vai julgar e dar a última palavra: a sua. Seja contra ou a favor, isso é secundário. O que importa é que a palavra será sua.

Nossa democracia há muito pede um Supremo mais ativo, pede mais corte constitucional e menos corte processual. E isso é bom. Agora, tudo vai depender de como usará seus novos superpoderes. Pois parece razoável prever que a União taxar estados e municípios pode provocar uma retaliação. Já imaginaram Fleury taxando Itamar? Uma guerra fiscal pode até "abalar" a federação. Mas não é razoável dizer que "tende a abolir" os direitos e as garantias individuais o fato de a União, tendo dado um prazo razoável, cobrar um novo imposto só porque foi criado no mesmo ano gregoriano!

Ora, se o IPMF tivesse sido criado no dia 25 de dezembro para ser cobrado no dia 1º de janeiro, seria constitucional! Porém, tendo sido criado no dia 13 de julho para ser cobrado no mesmo ano, é inconstitucional. É ir longe demais com o conceito de "tendente a abolir", e isso é ruim para o país.

O Supremo terá de vencer dois desafios para o bom uso desses superpoderes. O primeiro é usá-los com extrema cautela e argumentar solidamente sobre o que significa a expressão "tendente a abolir", de modo que esse artigo não seja uma palavra oca, capaz de aceitar qualquer interpretação ou qualquer ambição.

O segundo desafio é maior ainda. Essa nova atitude do Supremo pode aplainar o caminho para o caso de o Congresso decidir declarar inconstitucional o Conselho da Magistratura[5] (o futuro CNJ), por ser "tendente a abolir a separação dos poderes". E isso seria ruim para o país, pois julgar em causa própria é tão ruim para a democracia quanto legislar em causa própria. Vamos aguardar.

Notas

[1.] O caso discutia se a Emenda Constitucional nº 3, de 1993, que autorizava a criação do Imposto sobre Movimentação ou Transmissão de Valores e de Créditos e Direitos de Natureza Financeira era constitucional. Nessa data, foi deferida liminar para, até o julgamento da questão, suspender a cobrança do tributo. O Ministro Marco Aurélio havia deferido liminar mais extensa, afastando também a eficácia dos dispositivos que, de acordo com o ministro, não respeitaram a anterioridade, exigência constitucional de que um tributo só pode ser cobrado no exercício financeiro seguinte ao de sua instituição.

[2.] Revisão constitucional é uma forma de alteração da Constituição, prevista no próprio texto constitucional em 1988 para ser realizada uma única vez, cinco anos após sua promulgação, em sessão unicameral, precisando da maioria de votos do Congresso. Ela foi realizada em 1994 e foram feitas seis Emendas Constitucionais de Revisão, alterando o texto da Constituição.

[3.] Imposto sobre Movimentação ou Transmissão de Valores e de Créditos e Direitos de Natureza Financeira.

[4.] Artigo que estabelecia que o IPMF poderia ser cobrado no ano em que a emenda foi aprovada.

[5.] Mais tarde foi criado o Conselho Nacional de Justiça, e a Associação dos Magistrados Brasileiros arguiu que contrariava a cláusula pétrea de separação de poderes. Perdeu. Mas foi o Supremo quem decidiu.

O SUPREMO E A GREVE*

A separação dos Poderes não é um fim em si mesmo. É um meio para assegurar liberdades individuais.

A Constituição manda o Congresso regulamentar o direito de greve. O Congresso não regulamentou. Para garanti-lo, a Confederação dos Servidores Públicos Federais impetrou um mandado de injunção.

A partir daí o Supremo podia: (a) declarar a greve um direito de eficácia plena que independe de regulamentação posterior, e considerar a greve legal, como indicou o Ministro Sepúlveda Pertence; (b) declarar que a greve só seria legal se respeitasse limites que o próprio Supremo estabeleceria na hora, por analogia com outras leis, como queria o Ministro Carlos Mário. E ponto final.

Infelizmente, o Supremo não fez nem isso nem aquilo. Resolveu não resolver. Saiu pela tangente. Resolveu admoestar o Congresso, declarando-o em mora. O óbvio. O Brasil inteiro já sabia. Servidores e governo, inclusive. E porque já sabiam, pediram ajuda ao Supremo. Negada. Omitira-se o Congresso antes. Omitiu-se o Supremo depois. Em vez de implementar a certeza jurídica, concretizou a insegurança política. Não se sabe como exercer o direito de greve.

O Supremo hesita em tomar as decisões que o país espera que tome. Hesita em assumir responsabilidades de verdadeira Corte constitucional. Opta por procedimentos de adiar, em vez dos de decidir conflitos.

---

* Publicado no jornal *Folha de S.Paulo* em 17 de junho de 1994.

A pergunta que todos fazem é: "Em nome de que o Supremo hesita?" Não é em nome de interesses mesquinhos e pessoais. Não está em jogo a honradez dos ministros, fato de que o Brasil se orgulha. Estão em jogo doutrinas jurídicas e ideologias políticas que o Supremo implementa como necessárias ao bem do país. Quais foram as doutrinas e ideologias que o Supremo implementou?

Não é difícil percebê-las. A ideologia política da doutrina jurídica majoritária foi a seguinte: o Supremo acredita que se estabelecer, mesmo por analogia, limites legais para a greve dos servidores, invade a área do Congresso. A regulamentação desse direito cabe ao Congresso. Ultrapassaria os limites da separação dos Poderes, fundamental para a democracia. Um Poder não pode invadir outro. Com isso todo mundo concorda.

Mas todo mundo concorda também que inexiste invasão quando a própria Constituição manda que se um Poder não cumpre a obrigação de decidir, outro o faça, para assegurar a liberdade dos cidadãos. Afinal, o direito de greve pode ser ameaçado por tanques ou pela omissão do legislador. Muitas vezes, tão violenta quanto.

Em nome da separação dos Poderes, o Supremo não quer legislar, contudo legisla de qualquer maneira. A Constituição, por exemplo, não manda o Supremo declarar o Congresso em mora, nem suspender processos judiciais e administrativos, nem conceder prazo para outros Poderes cumprirem obrigações, como fez em outros mandados de injunção. Nem a Constituição, código ou lei nenhuma. Mesmo assim o Supremo estabeleceu normas.

Estranha doutrina esta! Proíbe o Supremo de aplicar por analogia regras de direito de greve elaboradas pelo Legislativo, mas permite criar normas sobre o procedimento dos outros poderes. Incoerência.

A consequência, certamente não intencional, dessa doutrina é fazer sobreviver uma ideologia política usada no autoritarismo: a esterilização do Supremo. O Supremo é apenas o locutor do Congresso. Quando não tem teleprompter, o locutor nada lê. Cala-se. Fica mudo, olhando, impassível, para a câmara da sociedade.

Essa ideologia foi necessária quando o Executivo quis controlar o Supremo. O Presidente Geisel tentou até impedir, através do Procurador-Geral, que o Supremo apreciasse as ações de inconstitucionalidade. O Executivo confiava mais num Congresso dominado pela Arena-PDS do que no Supremo.

Infelizmente, com essa interpretação da separação dos Poderes, o Supremo impede que os mandados de injunção concretizem direitos e liberdades individuais.

E se o Congresso nada decidir? Não regulamentar o direito de greve? Quem vai garantir nossos direitos? O Supremo lava as mãos? Para que serve então a separação dos Poderes se não viabiliza as liberdades? A separação não é um fim em si mesma. É um meio para assegurar liberdades.

Algo está errado. Não apenas com o Congresso omisso. Mas também com uma doutrina jurídica que interpreta a separação dos poderes de tal modo que a inutiliza.

Diante de uma decisão do Supremo, o cidadão só tem duas atitudes: ou acata e concorda; ou acata e discorda. Não se trata de ser contra ou a favor do direito de greve. Essa é outra questão. Trata-se de discordar de uma ideologia política que, sob o manto diáfano da separação dos Poderes, esteriliza o Supremo.

É possível, porém, que o Supremo reveja essa tendência. A decisão não foi unânime. Foi oito a três. Sobretudo para evitar o alerta da professora de direito da PUC-RJ, Regina Quaresma: "Ao impedir que o mandado de injunção concretize direitos e liberdades, o Supremo contribui para arquivar o futuro."

A DEMANDA DO SUPREMO E A REFORMA FISCAL*

Precisamos de um índice que meça a inconstitucionalidade potencial da reforma fiscal, se for aprovada.

Quem mais demanda junto ao Supremo Tribunal Federal? Quem mais chega ao Supremo? Quem mais lhe requer decisões? Quem ocupa prioritariamente o Supremo de nosso país?

No final do ano passado, foi publicado um estudo interessantíssimo, do próprio Supremo, sobre os recursos extraordinários (RE) e os agravos de instrumento (AI) que ali chegaram, no período de julho a novembro de 2007, já distribuídos aos ministros com a preliminar de repercussão geral por assunto. Ou seja, pretende-se que sejam decididos pelo Supremo porque se considera que as matérias neles tratadas são relevantes para o país.

O estudo mostra o seguinte: do total de 3.991 REs e AIs, 20,32% são sobre servidores públicos e militares; 20,17%, sobre questões fiscais; 11,60%, sobre regulação de telefonia; 7,64%, sobre previdência; 5,28%, sobre contribuições sociais; 3,86%, sobre precatórios; 0,47%, sobre saúde pública; 0,40%, sobre execuções contra a Fazenda Pública; 0,32%, sobre responsabilidade civil do Estado; 0,17%, sobre FGTS; e 0,07%, sobre indenização por desapropriação.

Algumas observações podem ser feitas. A primeira é que mais de 70% são questões em que o Estado está direta ou indiretamente envolvido. Apenas os casos sobre servidores públicos e militares e sobre

---

* Publicado no jornal *Correio Braziliense* em 28 de fevereiro de 2008.

questões fiscais representam mais de 40% de todos os REs e AIs que chegaram ao Supremo no período mencionado. Isso ocorre ou por se ter legislado assuntos que, normalmente, não precisariam ser tão regulados, como a questão dos servidores públicos, ou porque a implantação da legislação, feita pelo Executivo é, no mínimo, problemática.

Em outras palavras, a repercussão geral não é decidida solitariamente pelo Supremo, ela, de alguma maneira, já vem embutida na demanda, no projeto de lei, que, por sua vez, reflete um processo legislativo e administrativo difícil de ser modificado. Mas que, a médio prazo, assim deveríamos pensar.

Foi a Constituição que deu relevâncias *a priori* às questões dos servidores. Não foi o Supremo. É difícil escapar e é difícil mudar. Entre títulos, artigos, parágrafos, incisos e alíneas, as palavras "servidor" ou "servidores" aparecem 56 (!) vezes no texto constitucional. Já em relação aos militares, há 13 dispositivos constitucionais que estabelecem, diretamente, direitos e deveres para a categoria. Interesses constitucionalizados que, confrontados pelo Executivo, vão parar no Supremo.

Os casos sobre questões fiscais, por sua vez, resultam da elaboração de uma legislação fiscal algumas vezes até temerária por parte dos legislativos, sobretudo estaduais, como ocorrido, por exemplo, em determinados planos econômicos. São legislações de alto risco de contestação constitucional, o que não é bom para o Judiciário, que fica inundado por questões fiscais. E nem é bom para a necessária segurança jurídica que o país tanto busca no mundo de negócios e entre os contribuintes, em especial.

Nesse sentido, qualquer projeto de lei que tenha por objeto a realização da necessária reforma fiscal deve, antes, passar por um rigoroso escrutínio quanto à sua constitucionalidade, sob pena de resultar, num futuro próximo, em nova enxurrada de processos no Judiciário.

É como se o país precisasse de um índice de probabilidade de inconstitucionalidade, um índice de inconstitucionalidade potencial, a ser aplicado pelas comissões de Constituição e Justiça antes de a legislação ser aprovada. Muitos países fazem simulações de cenários sobre a probabilidade de contestações judiciais antes de aprovar suas legislações.

No quadro institucional, essas ideias – a desconstitucionalização do excesso de regulamentação das relações entre servidores e administração pública, ou estudos de cenários alternativos de probabilidade de descumprimento ou mesmo de judicialização de novas leis – parecem sonhos de uma noite de verão. Mas o verão ocorre todo ano.

JUSTIÇA UNIDA*

O que sempre existiu foi um Executivo sufocando o Judiciário.

Mais de 1.500 juízes estão neste fim de semana em São Paulo, num dos maiores congressos feitos pela Associação dos Magistrados Brasileiros. Quem abriu e deu o tom foi o Ministro Ricardo Lewandowski, do Supremo, falando sobre estratégia do Poder Judiciário. Rara oportunidade.

Em geral, um ministro não revela seu pensamento sobre esse tema, a não ser quando se torna Presidente. Mesmo assim, ele revelou mais do que em qualquer audiência pública da Comissão de Constituição e Justiça do Senado.[1] Como mais dia, menos dia, Ricardo Lewandowski será Presidente do Supremo, é bom conhecer, desde logo ir mapeando, o que pensa sobre como deve ser o mais poderoso dos Poderes da República hoje, institucionalmente falando.[2]

Disse que metas sem estarem definidas num contexto, num conjunto que lhe dê significado, num objeto maior, perdem muito de sua força e sentido. E que contexto é esse? Ricardo Lewandowski indicou alguns pontos, que ressaltamos, entre muitos outros.

Primeiro, apontou o óbvio, mas que ninguém em geral percebe. O discurso neoliberal de Estado mínimo aplica-se basicamente ao Poder Executivo. Não se aplica ao Poder Judiciário. Ao contrário, a sociedade quer mais Judiciário. Um Judiciário mais presente, mais

---

* Publicado no "Blog do Noblat" em 3 de novembro de 2009.

ágil, sobretudo pela análise que Lewandowski faz da evolução pós--Constituição de 1988.

E tem razão. Basta ver os números para verificar como a demanda reprimida por justiça praticamente explode depois de 1988. Com uma pequena imensa ajuda dos planos econômicos, acrescento eu, que atingiu direitos em massa de contribuintes, poupadores e pensionistas.

Em suma, o discurso, aliás, cada vez mais complexo, mais retórico do que real, de Estado mínimo, pouco tem a ver com o Poder Judiciário enquanto administrador da justiça. Como consequência, Ricardo Lewandowski considera inevitável que o Judiciário se debruce e queira mais e mais participar, e o cito textualmente, das políticas sociais, educacionais e de meio ambiente.

Não das políticas do governo federal, mas das políticas, obrigações constitucionais de governo e de Estado, das quais o Poder Judiciário faz parte. As 18 exigências que o Ministro Carlos Alberto Menezes Direito fez e o Supremo aprovou sobre o caso das terras indígenas da Raposa Terra do Sol agora são um verdadeiro *leading case*. Não as exigências, como conteúdo da decisão judicial propriamente dita, mas a nova atitude do Supremo. Chamem essa nova atitude como quiserem, de ativismo ou de protagonismo, como, aliás, prefere Ricardo Lewandowski. Trata-se de um novo padrão de relação entre os Poderes que se anunciava para quem quisesse ver.

Donde o mínimo que se tem a fazer é repensar como a separação dos Poderes hoje no Brasil vai se configurar. Lamentos de um passado que pouco existiu ainda serão ouvidos, pois o que sempre existiu na verdade foi um Poder Executivo sufocando o Judiciário.

Lamentos de que o Judiciário está interferindo onde não pode serão sons, murmúrios cada vez mais imperceptíveis. O que de resto não causa espanto. A separação de Poderes assume em cada país, e em cada fase da história, formas diversas. Em qualquer lugar no mundo é assim. É a regra da vida. Ou da história.

Finalmente, ao dizer que tem um sonho, Ricardo Lewandowski toca talvez no nervo hoje politicamente mais sensível, preocupação visível em cada otimismo de cada magistrado. Seu sonho é ver o Poder Judiciário unido.

A chance de qualquer estratégia, incluindo a estratégia da busca da eficiência, depende muito da união de seus exércitos. Nesse ponto o caminho ainda é longo. Basta ver o alerta do editorial de *O Estado de S. Paulo* do fim de semana.[3]

Na oposição que ainda é feita pela direção de uns poucos grandes tribunais do Sul e do Sudeste ao Conselho Nacional de Justiça, móveis ainda são, e muito, os interesses corporativos, ou melhor, fragmentariamente corporativos. Esse é o dilema maior, a dificuldade maior da reação interna ao CNJ. Como tentar limitar os eventuais excessos do CNJ sem que essa tarefa de aperfeiçoamento institucional de uma instituição nova, e que deve ser uma rotina natural da democracia, seja capturada por interesses corporativos da própria magistratura passados e vencidos?

Como separar o joio do trigo?

Sem tanto, não há sonho que se transforme em realidade.

Notas

[1.] A Comissão de Constituição e Justiça do Senado é responsável, entre outras coisas, por fazer a sabatina do candidato a Ministro do Supremo.

[2.] Ricardo Lewandowski é Presidente do Supremo desde agosto de 2014.

[3.] Em 31 de outubro de 2009, o jornal *O Estado de S. Paulo* publicou o editorial "Os planos da justiça paulista", no qual é dito que um dos desafios a ser enfrentado pelo Tribunal de Justiça de São Paulo refere-se à resistência de parte da magistratura às metas definidas pelo CNJ, por entender que essas metas esvaziam a autonomia do tribunal.

SENADO *VERSUS* SUPREMO*

A questão básica é: como deve ser a convivência entre os Poderes da República? Que convivência é essa?

Na semana passada o Supremo reconheceu que o Senador Expedito Júnior, do PSDB de Rondônia, cometeu crime de abuso de poder econômico e de compra de votos. Portanto, pela Constituição, deveria ter seu mandato eleitoral cassado.[1] Determinou portanto ao Senado que o afastasse e desse posse imediata ao segundo colocado nas eleições, o Senador Acir Marcos Gurgacz, do PDT de Rondônia.[2]

O Senado reagiu. Não deu posse imediata. Disse que, antes, vai avaliar a decisão do Supremo através de sua Comissão de Constituição e Justiça. Só então cumprirá, ou não, a determinação. O fundamento dessa posição é que, conforme a Constituição, o Congresso é um Poder independente diante dos outros Poderes e há limites para a interferência do Supremo.

O argumento contrário é que quem julga os cidadãos, senadores ou não, é o Judiciário. Não se pode ter cidadãos de duas categorias. Se o Congresso não obedece ou impõe condições, está usurpando a independência do Supremo e discriminando cidadãos.

Para entender o que esse ruído representa, temos de analisar o que verdadeiramente está por trás disso. Ao contrário do que parece à primeira vista, o importante no caso não é o destino do Senador

---

* Publicado no jornal *Folha de S.Paulo* em 5 de novembro de 2009.

[166]   Expedito Júnior. Trata-se de um pretexto conjuntural para um problema institucional.

A questão básica é: como deve ser a convivência entre os Poderes da República? Que convivência é essa? O que eles estão disputando de tão importante? Não é difícil perceber. Estão disputando quem, pela Constituição, detém a última palavra sobre os destinos do país. Se um, ou outro. E, paradoxalmente, ambos são independentes.

Desde já, mesmo que a Comissão de Constituição e Justiça do Senado concorde com a decisão do Supremo, o que provavelmente fará, constatam-se duas consequências.

A primeira é que o Senado está sendo direto: só obedecerá ao Supremo depois que sua Comissão disser se deve obedecer ou não. O Senador Demóstenes Torres foi claro ao dizer ser necessário responder à consulta feita pela Mesa do Senado.[3] Ou seja, está colocando uma condição para obedecer ao Supremo. A última palavra será, portanto, sua.

A segunda consequência é que, embora o Supremo tenha mandado que se procedesse à cassação imediata, ela não ocorreu. O que é imediato para o Supremo não é imediato para o Senado. Isto é, o Senado está dizendo que detém o poder para determinar o que é imediato em suas questões internas, como a do Senador Expedito. Imediato não é instantâneo.

A importância dessa disputa fica mais evidente quando constatamos que a Constituição determina que os Poderes da República são independentes e harmônicos entre si, o que parece natural mas não é. Não foram no Império, não foram na ditadura de Vargas, nem foram no autoritarismo dos anos 1970.

A situação a que assistimos é de harmonia ou de concorrência entre Poderes? A atitude do Senado de não cumprir, ou de pelo menos adiar, o cumprimento da ordem do Supremo fere então a Constituição?

De fato, a Constituição não descreve a realidade da vida brasileira. A Constituição apenas pretende regular o futuro da vida dos brasileiros e de suas instituições. Assim, não é uma descrição do Brasil, é uma prescrição, um sonho de Brasil, que, como todo sonho, pode ou não se concretizar em realidade. Às vezes, o sonho da harmonia é diferente da realidade da disputa em que cada um quer preservar sua independência.

Na verdade, existem duas maneiras de ver essa situação. Há, por um lado, quem veja a relutância do Senado como a defesa de sua independência a uma excessiva interferência do Supremo em suas questões internas. Por outro lado, há os que apenas acham que tudo faz parte de uma harmonia competitiva entre os Poderes. Faz parte da democracia.

Notas

[1.] Expedito Júnior é um político brasileiro, eleito Senador da República pelo estado de Rondônia em 2006 e cassado pelo Supremo em 2009, por compra de votos e abuso do poder econômico nas eleições de 2006.

[2.] Acir Marcos Gurgacz é empresário e político brasileiro. Após ser classificado como o segundo colocado nas eleições de 2006 no estado de Rondônia para o Senado, tomou posse no dia 5 de novembro, data da publicação deste artigo.

[3.] Demóstenes Torres é procurador do Ministério Público de Goiás e político. Foi eleito Senador da República em 2002 e teve forte atuação parlamentar. Porém, em julho de 2012, foi cassado pelo Senado em razão de seu envolvimento com a "máfia dos caça-níqueis", que exploravam pontos de jogos com máquinas caça-níqueis, ação descoberta na Operação Monte Carlo da Polícia Federal, em 2012.

O CONFLITO ENTRE DILMA E O SUPREMO É NORMAL EM UMA DEMOCRACIA*

O Poder Judiciário propõe seu próprio orçamento. A Presidente opina e envia ao Congresso. Mas quem tem a palavra final é o Congresso.

Quando o Judiciário propõe incluir no Orçamento de 2012 um aumento de 14,79% no salário dos juízes e serventuários e o Executivo é contra, estamos diante de um conflito institucional entre os Poderes ou apenas diante do funcionamento rotineiro da democracia?

No estado democrático de direito o Judiciário tem o direito de propor. Mas a Presidente tem também o direito de opinar. E o Congresso decide. Se esse roteiro constitucional for cumprido, quem tem a palavra final não é o Supremo. É o Congresso. O que está em jogo nessa divergência, além do princípio da separação de Poderes? Uma questão de prioridades e de valores também.

A Presidente Dilma foi muito clara: o Brasil é como a casa de qualquer um de nós; não se pode gastar em tudo que se precisa, pois, em geral, a receita é menor do que as despesas. Assim como uma família, o Brasil não pode fazer tudo, tem de escolher. Ele escolheu. Acredita que juízes e serventuários já são bem pagos.

Entre aumentar o salário deles e gastar em educação, saúde e infraestrutura, prefere gastar nestes itens a gastar naquele. O Judiciário diz que precisa de aumento para se ter uma Justiça melhor. A disputa é simples: é sobre eficiência e valores.

---

* Publicado no jornal *Folha de S.Paulo* em 6 de setembro de 2011.

O brasileiro acredita que o Brasil terá uma Justiça melhor se aumentar os salários de juízes e procuradores? Será que a impunidade e a corrupção serão mais bem combatidas com salários mais altos?

Será que se terá uma educação e uma saúde melhores se aumentarem os investimentos em escolas e hospitais? Essa é a decisão que o Congresso terá de tomar. Tudo muito simples. O Brasil já ganhou com esta discussão: a mídia, a opinião pública e os três Poderes discutindo o Orçamento.

Mas o Brasil é também uma família com muitas dívidas no cartão de crédito. Tem de pagar os juros da dívida e sustentar famílias que já produziram e não mais produzem: os aposentados. O que era simples fica complexo.

O que você prefere? Aumentar os salários da Justiça, fazer investimentos em escolas e hospitais, pagar o banco ou reduzir as aposentadorias? Faça a sua escolha.

CONGRESSO MUITO ALÉM DOS *ROYALTIES**

Se o Congresso não respeita as próprias regras, que segurança o cidadão terá de que sua liberdade será respeitada?

O Supremo não proibiu o Congresso de derrubar o veto da Presidente na Lei dos *Royalties*.[1] Apenas exigiu que o faça obedecendo a normas regimentais internas por ele mesmo estabelecidas. Por que essa decisão? Por três motivos principais.

Primeiro, na Constituição é dito que os Poderes são independentes. Se o Supremo decidisse vetar ou não, estaria se intrometendo na competência de outro Poder. Afetaria a independência do Congresso. O Supremo respeitou-a.

Segundo, o Congresso exerce sua independência ao estabelecer seu regimento interno. Sozinho, decide seu processo, porém tem de respeitar direitos e garantias fundamentais. O atual regimento respeita e foi feito com independência.

Terceiro, ao estabelecer seu regimento, o Congresso compromete-se consigo mesmo, com os demais Poderes e, principalmente, com o eleitor, a obedecê-lo. Estar no estado democrático de direito é justamente isto: agir dentro das balizas das normas. Assim, assegura-se o mínimo de previsibilidade. Não se pode agir ou decidir com base na negociação do dia, com acordo de líderes, votações simbólicas, prioridades de votação. Só se pode agir assim se o regimento não tiver previsto outro rito. Se houver previsão, não pode. No caso, houve previsão de rito.

---

* Publicado no jornal *O Globo* em 21 de dezembro de 2012.

O regimento do Congresso é uma autolimitação de interesse não apenas do próprio Congresso; é uma garantia democrática para as minorias parlamentares, para os partidos políticos e sobretudo para os eleitores. Acabamos de ver como é importante o Supremo exercer seu poder com base em regras. Por que com o Congresso seria diferente?

Se o Congresso não respeita as próprias regras, que segurança o cidadão terá de que sua liberdade está garantida? Ou o Congresso obedece às próprias regras, o que não foi possível no caso do veto – dada a cultura de não cumprir prazos ou a ordem de votação prevista – ou as muda. Tem toda a independência para fazê-lo. Mas terá de obedecer às regras em vigor de mudança de seu regimento. Qualquer casuísmo poderá ser impugnado como inconstitucional.

A decisão do Ministro Fux, se confirmada pelo plenário, poderá se aplicar a todo o processo legislativo. Pois pode abrir caminho para que o Congresso reveja a si mesmo, para que estabeleça normas mais transparentes e previsíveis. E as obedeça. É uma hora grave para os parlamentares, muito além dos *royalties*. É hora de aperfeiçoar a Casa como instituição democrática. Se o fizer, só terá a ganhar em confiança dos eleitores. Do contrário, o Congresso estará cada dia mais exposto ao controle da cidadania, por meio do Supremo.

Nota

[1.] Em 2012, foi sancionada lei que dividia igualmente entre os estados brasileiros os *royalties* da produção de petróleo. A regra antiga privilegiava os estados produtores. A Presidente Dilma Rousseff vetou o artigo que mudava a divisão dos *royalties* para os campos já licitados, mantendo-a apenas para os campos a serem licitados. O Congresso, então, votaria a derrubada do veto presidencial, mas foi impetrado Mandado de Segurança pelo Deputado Federal Alessandro Molon (PT-RJ). O Ministro Luiz Fux, relator, deferiu liminar determinando que o Congresso se abstivesse de votar sobre esse veto até que se votassem os mais de 3 mil vetos pendentes de votação, o que deveria ser feito de forma cronológica.

CONGRESSO E SUPREMO: INVASÃO OU OMISSÃO?*

O Supremo está invadindo a área de competência do Congresso ou é o Congresso que se omite e deixa-se invadir?

O Supremo está invadindo a área de competência do Congresso ou é o Congresso que se omite e deixa-se invadir? Esse será um tema recorrente este ano. Muito mais amplo do que um tema de campanha para a presidência da Câmara dos Deputados, ou uma disputa sobre quem tem o poder-dever, como conceitua o jurista José Paulo Cavalcanti, de cassar o mandato do Deputado José Genoino.[1]

O Supremo continuará a tomar decisões que aparentemente são da competência do Congresso, sempre que o Congresso perder o *timing* da decisão, e o Supremo for provocado. Seja pelos próprios partidos, seja pela sociedade ou pelos governos.

Um bom exemplo é a *via crucis* do Projeto de Lei nº 316 de 2004 do Senado, de autoria da ex-Senadora Serys Slhessarenko, que propunha que o prefeito eleito duas vezes em seu município não poderia se candidatar uma terceira vez, mesmo que fosse por outro município no mesmo estado, município vizinho.

Sobretudo nas regiões metropolitanas essa é, obviamente, uma estratégia eleitoral de ex-prefeitos para buscar o terceiro mandato que a Constituição proíbe. Esse projeto de lei foi apresentado em 2004, ou seja, oito anos atrás. Até hoje não foi votado.[2]

---

* Publicado no "Blog do Noblat" em 9 de janeiro de 2013.

Dito e feito, na sessão de 17 de dezembro de 2008, o Tribunal Superior Eleitoral, provocado pelo candidato a Prefeito de Porto de Pedras (AL) Rogério Farias, apreciou exatamente essa matéria. Prefeitos já reeleitos e candidatos a municípios vizinhos, conhecidos como prefeitos itinerantes, não podem se candidatar.

Em agosto de 2012, o Supremo manteve essa decisão do TSE, com os efeitos da repercussão geral, isto é, vale para todo o Judiciário brasileiro. Foi o Judiciário que, através do TSE, interferiu? Ou foi o Congresso que se omitiu?

Outra questão polêmica, de importância vital para os futuros candidatos a prefeito, também paira no ar. O TSE, com a pequena margem de um voto, do Ministro Dias Toffoli, decidiu que candidatos à prefeitura que, já tendo sido prefeitos e que tiveram suas contas rejeitadas, poderiam se candidatar outra vez. Alegou o Ministro Toffoli que a lei fala que inelegível é quando não tem conta prestada. Quem a teve rejeitada, prestou contas. Se for assim, argumentam outros, basta apresentar um conjunto de documentos sem muita coerência, para cumprir a lei. O que seria no fundo burlá-la.

Pois a Lei da Ficha Limpa quer candidatos com contas além de prestadas, aprovadas também.

Essa questão vai acabar no Supremo, é óbvio. Basta uma coligação partidária derrotada na eleição entrar com recurso. E, então, o Supremo terá de decidir. Será outra invasão no Congresso ausente?

Notas

[1.] O Deputado José Genoino havia sido condenado pelo Supremo na Ação Penal nº 470, mas, como ainda não havia o trânsito em julgado da ação, o mandado de prisão não pôde ser expedido. Meses depois, quando a questão foi levada à Câmara, Genoino renunciou antes do fim da votação de cassação.

[2.] Depois de anos aguardando votação, o projeto foi arquivado.

IMPASSE ENTRE OS ESTADOS*

O prazo extinguiu-se em 31 de dezembro. O Congresso nada fez. Não cumpriu a ordem do Supremo. E agora?

Em fevereiro de 2010, após ser provocado por Rio Grande do Sul, Mato Grosso, Mato Grosso do Sul e Goiás, o Supremo Tribunal Federal decidiu[1] que os critérios de repasse dos recursos do Fundo de Participação dos Estados (FPE), criado pela Constituição, deveriam ser revistos pelo Congresso.[2] Eles estavam em vigor desde 1989.

Desde então, o Congresso havia se autolimitado a definir os critérios em dois anos. A economia mudara e não havia indícios suficientes de que o FPE estaria cumprindo a sua função constitucional de "promover o equilíbrio socioeconômico entre estados".[3] O desequilíbrio persistia e era imperioso reavaliar e mudar.

A definição desses critérios é de competência do Congresso e o Supremo respeitou. Apenas ordenou que, no razoável prazo de quase três anos, o próprio Congresso buscasse critérios mais eficazes para cumprir a Constituição e promover o equilíbrio socioeconômico. O prazo extinguiu-se em 31 de dezembro. O Congresso nada fez. Não cumpriu a ordem do Supremo. E agora?

A Presidência da República não quis interferir na decisão do Congresso, pois, como diz o Senador Francisco Dornelles, "se a questão do petróleo são 24 estados contra três, na do FPE, são 27 contra

---

* Publicado em coautoria com Fernando de Holanda Barbosa Filho no jornal *Folha de S.Paulo* em 16 de janeiro de 2013.

27". Acordo quase impossível. A Presidência não atentou para o fato de que o descumprimento do prazo pelo Congresso a atingiria, pois é a responsável legal para fazer os repasses mensais.

A lei que estabeleceu os critérios antigos não mais existe. Existe um vácuo legislativo. E agora? A Presidência tende a pagar como vinha pagando, com base em um parecer do Tribunal de Contas da União (TCU). E o TCU não vale mais que o Supremo.

No final do ano passado, alguns parlamentares tentaram um acordo. Congelavam-se os recursos repassados em 2012, em termos reais. O recurso adicional do crescimento do FPE seria 50% distribuído com base na população (limitando a um peso máximo por estado de 7% da população do Brasil) e os 50% restantes, com base no inverso da renda domiciliar *per capita*.

Ora, isso, na verdade, apenas chegava o mais próximo possível dos critérios antigos. Obedeceria formalmente ao Supremo. Mas dificilmente atingiria o objetivo de promover o equilíbrio socioeconômico que a Constituição exige. Seria mais do mesmo. Ainda assim, o acordo não foi feito. Impasse.

A omissão do Congresso e o pagamento da Presidência vão fazer a questão voltar ao Supremo, confrontando agora com ordem não cumprida. Como resolver? O Supremo dará novo prazo ao Congresso? Quais as chances de o Congresso cumprir o novo prazo?

Para não interromper os repasses aos estados, desfazer o impasse congressual e cumprir com a Constituição, reduzindo os desequilíbrios, as alternativas seriam: a) os repasses atuais serem mantidos, em termos reais. Ninguém perde, e se garante a solvência dos estados. Algo similar ao que deveria ser feito na questão dos *royalties*; b) o crescimento futuro do FPE ser dividido de modo a combater os desequilíbrios socioeconômicos através de uma regra que possa cumprir esse objetivo. A atual não conseguiu, nem a proposta de dezembro conseguiria.

O fundo cresceu 5,1% em termos reais entre 1995 e 2001, ou seja, 127% em 16 anos. Estima-se que, a cada ano, o FPE teria em média cerca de R$ 2,5 bilhões adicionais para efetivamente combater os desequilíbrios.

O pressuposto desta ou de qualquer solução é óbvio: o Congresso tem capacidade de exercer sua competência legal no tempo que o Supremo determina e exige?

Notas

[1.] Essa decisão do Supremo foi proferida ao julgar as Ações Diretas de Inconstitucionalidades nº 875, nº 1.987, nº 3.246 e nº 2.727.

[2.] O FPE é um sistema de transferência de recursos do governo federal para os estados. A divisão era prevista pela Lei Complementar nº 62, de 1989, declarada inconstitucional pelo Supremo em 2010. O Supremo deu um prazo de dois anos para que o Congresso fizesse uma nova lei, e até lá valeria a lei antiga. A nova lei (LC nº 143), de 2013, questionada no Supremo e pendente de julgamento, estabelece que as regras da lei antiga, de 1989, perdurem até 2015.

[3.] Conforme determina o artigo 161, II, da Constituição Federal.

A CORRUPÇÃO E A IMPROBIDADE SÃO OS CRIMES DO SÉCULO*

Combater a corrupção e a improbidade administrativa é um desses objetivos que, além de nacionais, são internacionais.

A praça é dos Três Poderes, e a Constituição manda que eles sejam harmônicos. Mas essa não é a realidade todo o tempo, embora este seja o ideal. No real, a relação entre os Poderes é tensa, divergente muitas vezes. É natural, na democracia é assim. O importante é que a tensão seja sempre resolvida, pois, ao ser, ela se reinaugura. E que os Poderes, mesmo na divergência, saibam convergir quando os objetivos estão acima deles, pois os Poderes são necessários à República.

Combater a corrupção e a improbidade administrativa é um desses objetivos que, além de nacionais, são internacionais. São os crimes do século. Não dispensam Presidente da França, princesa na Espanha, Ministro na Alemanha nem secretário da Inglaterra. O próprio Presidente do Supremo da Espanha renunciou, porque perderia o cargo.

Hoje, um país se distingue do outro não pela ocorrência ou não de improbidade e corrupção (agora mesmo vemos o caso do ex-corretor do Goldman Sachs acusado de fraudar US$ 8 bilhões nos Estados Unidos e a substituição do diretor da CIA).[1] Distingue-se pela eficácia com que o Estado, a mídia e a sociedade as combatem. Esse é o teste maior das democracias atuais.

---

* Publicado no jornal *Correio Braziliense* em 7 de abril de 2013.

O primeiro objetivo do terceiro Pacto pela Justiça, em gestação no Ministério da Justiça em conjunto com o Supremo e o Congresso, é o compromisso de todo o Judiciário de acelerar e dar prioridade aos julgamentos pendentes sobre improbidade administrativa. Não somente no Supremo, como nos tribunais estaduais, em que muitas vezes inadequadas alianças de pequenos mas poderosos setores dos três Poderes locais paralisam processos. Nova legislação para tipificar o crime de organização criminosa é também um dos objetivos a alcançar.

Faz oito anos que a Emenda nº 45 à Constituição consagrou como direito do cidadão uma duração razoável do processo. Direito ainda à busca de concretude, alerta o secretário da reforma do Judiciário, Flavio Caetano, do Ministério da Justiça. Como concretizá-lo?

Aqui não se trata de novas leis, e sim de intensificação do processo judicial digital e de grande mobilização social, com recursos, treinamentos e conscientização da população, para conciliação e mediação.

Seria importante que os tribunais cumprissem a lei, os prazos processuais. No Supremo já houve processos que pararam mais de 5 mil dias por causa de pedido de vista dos ministros.[2] Ministros e Desembargadores não se controlam a si próprios quando ultrapassam os prazos de pedidos de vista. Criam insegurança jurídica processual, a pior e mais ampla de todas, porque tem a aparência, infelizmente, de naturalidade. Sempre acendem a suspeita de que algo estranho está se passando com o processo.

Esse pode ser um tema a ser discutido com a nova Lei Orgânica da Magistratura. O Ministro Joaquim Barbosa pretende enviar um anteprojeto ao Congresso neste semestre.[3] Qual a responsabilidade dos magistrados no não cumprimento dos prazos processuais?

Há que distinguir entre o pedido de vista necessário para mais bem compreender o caso e formar o livre convencimento e os pedidos de vista apenas para retirar o assunto de pauta ou tentar inadequadamente conquistar os colegas. Seria de considerar a manipulação judicial dos prazos como improbidade administrativa?

Não existe muita divergência sobre os problemas do Judiciário. O que se necessita é da vontade política concertada dos três Poderes em ultrapassar interesses setoriais e corporativos e caminhar no aperfeiçoamento institucional.

Notas

[1.] Fabrice Tourre, Vice-Presidente do Goldman Sachs, em Nova York, foi acusado de fraudar o mercado financeiro através de operações realizadas de 2007 a 2010. Já o diretor da CIA, David Petraeus, renunciou de seu cargo após divulgação de que havia tido um caso extraconjugal.

[2.] O Recurso em Mandado de Segurança nº 21.053 e o Agravo de Instrumento (AI) nº 132.755 são exemplos de processos que estiveram parados por mais de 5 mil dias em razão de pedido de vista de ministro.

[3.] De acordo com a Constituição, o Presidente do Supremo Tribunal Federal é quem deve enviar ao Congresso o projeto de lei sobre a Lei Orgânica da Magistratura.

DECISÕES FOGEM DA PRUDÊNCIA*

Liminar monocrática de um só ministro não representa o voto colegiado do STF. Nem uma Comissão da Câmara representa o Congresso.

Duas decisões acirraram as relações do Supremo com o Congresso. Ambas são faces da mesma moeda. A Comissão de Constituição e Justiça da Câmara aprovou proposta de emenda constitucional que dificulta ao Supremo aprovar as súmulas vinculantes. A súmula vinculante foi criada pelo próprio Congresso. As 31 súmulas aprovadas até hoje diminuíram em milhares as ações no Supremo Tribunal Federal.[1] Tem sido bom para o país. A Comissão quer também plebiscitos para confirmar as decisões do Supremo de inconstitucionalidade de emendas. É uma decisão retaliativa.

Um Ministro do Supremo[2] concedeu liminar impedindo o Congresso de continuar apreciando o projeto de lei sobre novos partidos. Alegou que o projeto era casuístico, que teve extrema velocidade de tramitação. Assim, levanta a possibilidade de violação do direito do parlamentar. Ou seja, defende que o Supremo julgue a velocidade do Congresso. Argumentação inédita e que invade o Congresso. É decisão política de laivos partidários.

Ambas as decisões – a da súmula e a da velocidade – fogem da prudência democrática. A opinião pública está perplexa. Mas liminar de um só ministro não representa o voto colegiado do STF. Nem uma

---

* Publicado no jornal *O Globo* em 26 de abril de 2013.

comissão da Câmara representa a aprovação pelo Congresso. Não há que se precipitar.

Se a emenda for aprovada, o final já sabemos. O STF, provavelmente com base nas cláusulas pétreas, alegando que a emenda fere a separação de Poderes, vai declará-la inconstitucional. Nos anos 1990, em famoso precedente, o Supremo deu-se a última palavra sobre a Constituição.[3]

Na democracia, porém, a última palavra não é do povo? Através do Congresso, dizem uns. Afinal, o Supremo não foi eleito. Outros lembram que o povo vota no parlamentar sem confiar nele. E perguntam: pode haver senador suplente que nunca teve voto? E quantos parlamentares foram eleitos sem voto próprio, e sim com sobras de coligações? Há várias patologias na representatividade do Congresso.

No entanto, um erro justifica o outro?

A quem interessa esse processo de retaliação mútua entre os dois Poderes? Melhor mesmo era se juntarem para manter o pleno emprego, controlar a inflação, combater as desigualdades e estimular o crescimento.

Notas

[1.] Havia 31 súmulas vinculantes na data da publicação deste artigo. Atualmente, há 48.

[2.] Gilmar Mendes, no Mandado de Segurança nº 32.033.

[3.] Sobre o tema, ver, neste livro, o artigo "O Supremo e a revisão", p. 153.

O CONSELHO DO MINISTRO JOAQUIM BARBOSA*

> *Um Pacto de Estado é entre Poderes, não é governamental, não é partidário, é nacional.*

Perguntado por Ricardo Boechat[1] sobre o conselho que daria ao próximo Presidente da República em relação ao Judiciário, Joaquim Barbosa respondeu: reúna-se com os Presidentes da Câmara, do Senado e do Supremo Tribunal Federal para buscar simplicidade, objetividade e eficiência na administração da Justiça.

Ou seja, o Ministro Barbosa não defendeu um determinado modelo de Judiciário, uma determinada lei, nem propôs um novo Código. Propôs, simplesmente, um pacto político, entre Poderes, de caráter não governamental, não partidário, nacional. Pacto de Estado. Sem esse pacto político, o Judiciário continua como está. E a desconfiança popular também.

A última pesquisa da Faculdade de Direito da Fundação Getulio Vargas, de São Paulo, indica que mais de 60% dos brasileiros não confiam no Judiciário.[2] Por que priorizar um pacto? Provavelmente, por alguns motivos.

Primeiro porque não faltam – no Congresso, no Judiciário, no Ministério da Justiça, nas universidades, nas associações, na mídia – projetos de todos os tipos, uns ótimos, outros irreais, outros corporativos, para combater o que o Ministro Barbosa aponta como bacharelismo barroco, confusão processual, ingerência política, medo de aplicar a lei.

---

* Publicado no jornal *Correio Braziliense* em 6 de outubro de 2013.

O que falta é disposição, convergência e força política para escolher os melhores projetos, adotá-los e implementá-los. E por que falta, já que todos estão de acordo que é preciso mudar? Por razão simples. O modelo atual, com morosidade, barroquismo e medo, tem seus beneficiários, seus defensores ocultos.

Em outras palavras, o modelo atual é lucrativo econômica e politicamente para alguns setores do Judiciário e da sociedade. Esses setores praticam o discurso da mudança, encobrindo a prática da manutenção. São poderosos e hegemônicos. Influenciam ainda decisivamente a Presidência da República, o Congresso Nacional e o próprio Supremo. Alguns exemplos.

Quem inunda a Justiça Federal e a estadual é o Poder Executivo, com questões fiscais e previdenciárias, com privilégios processuais que geram ineficiências nas cobranças. Assim, transferem os custos de cobrança do Executivo para o orçamento do Judiciário, sem falar nos precatórios que legalizaram a moratória dos tesouros. Reformar a Justiça implicaria uma reforma nas relações do Tesouro Nacional e dos tesouros estaduais e municipais com o Judiciário.

Quem inunda as justiças estaduais são as concessionárias de serviços públicos e as empresas de consumo de massa, ao conflitarem com os direitos do consumidor, a ponto de fazerem com que os juizados especiais sejam hoje uma das maiores fontes de processos que chegam ao Supremo.[3] Patologia maior não há. Reforma da Justiça significa apenas o próprio Supremo, os juízes e os tribunais estaduais se autodefenderem. Barrarem demandas temerárias, protelatórias e de má-fé. Em vez de criarem uma jurisprudência que cada dia beneficia mais a morosidade, criarem uma rigorosa e economicamente punitiva jurisprudência antimorosidade.

Faltam estradas no Brasil. Mas quem mais constrói estradas desnecessárias no Brasil é a jurisprudência do Judiciário para o mero passar de processos indevidos que não pretendem chegar à Justiça. Nem deixar que cheguem. É a estrada ao contrário. Em vez de ser de alta velocidade, é quase de velocidade nenhuma.

Bacharelismo barroco, como denuncia o Ministro Barbosa, não é apenas um estilo de fazer advocacia. São interesses econômicos e políticos concretizáveis. Não é um adorno cultural e profissional.

Quando a lei estabeleceu que o divórcio consensual não precisaria de juiz, bastando o registro em cartório, bem como certos tipos de inventário, em pouco tempo se constatou que as exigências barrocas dos cartórios tornavam mais caro e demorado o processo trazido pela lei simplificadora.[4] A morosidade do Judiciário era mais célere e barata.

O pacto sugerido pelo Ministro Barbosa implica uma radical mudança de pauta. Hoje, todos discutem novos códigos: processual civil, penal, comercial. Nenhum com análises de impacto de custos que viabilizem o operacional. Se aprovados, vão ser aplicados da mesma maneira que os atuais. Vale a pena? Lidar com interesses corporativos faz parte da democracia. Deixar que eles comandem a pauta do Estado, não.

Notas

[1.] Ricardo Boechat é jornalista brasileiro, ganhador de três prêmios Esso, já trabalhou em diversos jornais e hoje é apresentador do Jornal da Band, da BandNews FM, e possui uma coluna na revista semanal *IstoÉ*.

[2.] Essa pesquisa está disponível, na íntegra, em <cpja.fgv.br/sites/cpja.fgv.br/files/ipcl__relatorio_4tri2012_1tri2013_0.pdf>. Acesso em 29 abr. 2015.

[3.] São exemplos de concessionárias de serviço público as empresas, de energia, de água, de gás, entre outras. E de consumo de massa as de telefonia, os bancos, as redes de supermercado, entre outras.

[4.] A lei mencionada é a de nº 11.441/2007.

EM 1964, O SUPREMO
NÃO ERA SUPREMO*

Golpes se fazem com atos de força, mas se continuam através da remodelagem das instituições. O Supremo foi remodelado, torcido e distorcido.

Em 1964, saía-se do regime constitucional para se entrar em um regime institucional. O Supremo não era mais supremo, pois a constituição fora rebaixada; o Ato Institucional era agora o topo da pirâmide legal.[1]

Com clareza rude, o ato, que se queria único, com letra maiúscula, e que a história fez múltiplos e minúsculos, já dizia que era vedado o controle jurisdicional dos atos revolucionários.[2] Mais: os atos do Estado praticados com base na nova legalidade supraconstitucional – cassações, exonerações, perdas de direitos políticos – ficariam fora do alcance dos juízes. Acreditava-se que, com tanto, o Supremo Tribunal Federal se alinharia.

Não bastou, lembra o professor Diego Werneck. Persistia o vírus fragilizado, às vezes medroso, às vezes corajoso, do liberalismo jurídico. Os ministros, inclusive os simpatizantes do golpe, insistiam em ser juízes. Problemas para os militares.

Seis meses depois do primeiro Ato Institucional, no Ato Institucional nº 2, mais amargos remédios. Mensagem claríssima: nova cláusula de exclusão da apreciação judicial dos atos praticados pelo Comando Supremo da Revolução. E houve mais: aumentaram de 11 para 16 o número de ministros para criar maioria favorável ao novo regime. Não bastou ainda.

---

* Publicado no site *Brasil Post* em 30 de março de 2014.

Anos depois, seriam então cassados três ministros pelo Ato Intitucional nº 5: Victor Nunes,[3] Hermes Lima[4] e Evandro Lins e Silva.[5] Tampouco bastaria.

Ministros nomeados pelos próprios militares começaram a se indignar quando seus colegas capitulavam. Adaucto Lúcio Cardoso simbolizou essa indignação. E entrou para a história. Em sessão pública, tirou a toga, jogou-a em cima da mesa e foi para casa. A toga sombria contrastava com a dignidade de seus claros e altivos cabelos. Os militares não esperavam tanto.

Que atos, porém, o Supremo não poderia apreciar? Os que se referissem à segurança nacional. Guerrilhas, sequestros, cassações políticas, torturas, censura foram típicas questões inseridas na segurança nacional. Mas esse conjunto crescia. As fronteiras da segurança nacional eram insaciáveis.

O russo Ballet Bolshoi nos visitava, só que não podia aparecer na televisão. Foi censurado. Por quê? Segurança nacional! Temia-se que de tão perfeito e lindo que era pudesse passar a mensagem de que o comunismo também podia ser perfeito e lindo.

Até as novas regras dos contratos de aluguel viraram questão de segurança nacional. Embutido nesse conceito de segurança nacional, vicejava o conceito de desenvolvimento econômico, este o pilar daquele. O raciocínio era do czar da economia, Ministro Roberto Campos. Se a revolução não se legitimava pelo voto popular, teria que se legitimar pela eficácia econômica. Donde política econômica e segurança nacional não se dissociavam, eram faces da mesma moeda.

Golpes se fazem com atos de força, que se continuam através da remodelagem das instituições. Nova arquitetura. Nova coreografia. O Supremo estava sendo remodelado. Torcido, distorcido, exprimido, contorcia-se.

Nessa remodelagem, a ditadura deu ao STF um novo poder, em 1965, para receber Representações de Inconstitucionalidade, precursoras das Ações Diretas de Inconstitucionalidade de hoje. O poder, entretanto, vinha com um *gatekeeper* – um leão de chácara, como se dizia na época. Um segurança, como se diz hoje. Decide quem entra ou não.

O Procurador-Geral da República, homem de confiança do general-Presidente e que poderia ser por ele demitido a qualquer tempo, escolhia livremente que representações chegariam ou não ao tribunal. Procurador-curador do Supremo.

No fundo, o problema do regime não era o heroísmo coletivo ou individual dos ministros. Se estes se contorciam apenas para ser juízes, apenas para aplicar ao regime as regras do próprio regime, isso já era demais. Daí a remoção, pelo AI-5, do poder judicial tão básico de conceder *habeas corpus* em casos políticos.

Daí em diante, o Supremo conformou-se por domesticação institucional. Cortaram suas oportunidades de exercer poder relevante.

Mas por que tudo isso? Por que não fecharam logo o Supremo? Por duas razões. Primeiro, precisavam de quem decidisse os conflitos diários da sociedade. Divisão de trabalho. Direito não é só liberdade: é também organização.

Segundo, porque no contexto político mundial e nacional seria deslegitimador fechá-lo. Afinal, não era ditadura, como em Vargas. Muitos apoiaram o golpe como afirmação da legalidade.

Daí a opção pela progressiva remodelagem autoritária. Precisava-se de um Supremo não supremo. Aberto ao acessório, porém fechado ao principal. Com voz, mas sem poder falar do que importa.

Notas

[1.] Os Atos Institucionais eram decretos elaborados pelo Poder Executivo durante o período da ditadura militar, sem aprovação do Poder Legislativo.

[2.] O principal dos Atos Institucionais foi o Ato Institucional nº 5 (AI-5), que dava amplos poderes ao Presidente da República e suspendia as garantias constitucionais. Seu preâmbulo dizia: "São mantidas a Constituição de 24 de janeiro de 1967 e as Constituições estaduais; o Presidente da República poderá decretar a intervenção nos estados e municípios, sem as limitações previstas na Constituição, suspender os direitos políticos de quaisquer cidadãos pelo prazo de dez anos e cassar mandatos eletivos federais, estaduais e municipais, e dá outras providências."

3. Ministro do Supremo de 1960 a 1969, quando foi cassado pelo AI-5.
4. Ministro do Supremo de 1963 a 1969, quando foi cassado pelo AI-5.
5. Ministro do Supremo de 1963 a 1969, quando foi cassado pelo AI-5.

DA ONIPOTÊNCIA DO MINISTRO DO STF À ONIPOTÊNCIA DO CONGRESSISTA*

Não raramente em nome de o Supremo deter a palavra final, alguns ministros quase diziam: "a Constituição sou eu."

Não se enganem. Todo esse discurso e movimentação do novo Presidente da Câmara, Eduardo Cunha,[1] a primeira vista interpretados como disputa de poder com a presidência da República, ou do PMDB com o PT, pode acabar mais longe. Pode acabar numa disputa de poder entre o Congresso e o Supremo.

Um pouco de história das doutrinas jurídicas logo tudo esclarece. No regime autoritário de 1964, vivíamos um ordenamento jurídico que se parecia com uma hidra de duas cabeças. Ou uma pirâmide jurídica kelseniana de dois topos.

De um lado havia os atos institucionais, dos militares. De outro, havia legislação constitucional, de 1946 e depois de l967 e l969, dos deputados e senadores. Aqueles eram onipotentes por sua própria natureza. Pela vitória das armas.

Estes eram onipotentes porque o Congresso, mesmo cerceado e limitado pelas eleições indiretas, pelos decretos lei e decurso de prazo, por exemplo, dificilmente podia ter suas leis contestadas. Nem fora dele, nos tribunais e nas ruas. Nem dentro dele, pelas oposições manietadas.

O resultado é que vivíamos um período onde o que prevalecia no mundo jurídico era a onipotência do legislador. Fossem eles os

---

* Publicado no site *Jota* em 12 de fevereiro de 2015.

responsáveis pelos atos institucionais, pelas leis ou pelos decretos leis. Estivessem no Executivo ou no Legislativo.

A prática jurídica e suas doutrinas, dos tribunais, dos escritórios e das faculdades, começavam somente depois da lei ou do ato. A lei era um dogma não discutido. Aplicado.

A partir de 1988, em boa hora, assistimos à reação do Poder Judiciário, sobretudo do Supremo. Uma de suas armas favoritas foi a intepretação constitucional.

A teoria dos princípios e das ponderações libertou o Supremo da onipotência dos legisladores. Mas talvez tenha se excedido. Para muitos, libertou o Supremo dos próprios constituintes.

Não raramente em nome de deter a palavra final, alguns ministros quase diziam: "a Constituição sou eu". Às vezes dizem ainda. Mas esta não é posição majoritária. É apenas um risco num Supremo muito monocrático.

A libertação do Supremo foi auxiliada pela doutrina política do presidencialismo de coalizão, que transformou o Congresso num quase submisso aliado de ocasião, mas permanente, do Executivo. Voz sem som.

O que Eduardo Cunha busca é nova potência do Congresso. Contra tanto a onipotência do Executivo, herdada de nossa história, do regime militar e do presidencialismo de coalizão, quanto a onipotência do Judiciário, estimulada pela Constituição de 1988, aliada a doutrinas jurídicas pós-positivistas.

O símbolo dessa reação, estrategicamente escolhido, um símbolo não político, e que tem o apoio da maioria da sociedade, é sua oposição ao aborto. Venha de onde vier, inclusive do Supremo, não passará. Promete.

Conseguirá o Congresso reagir ao Executivo e ao Judiciário? Não sabemos. É sincero? Resistirá à tentação de cargos e orçamentos no Executivo? Não sabemos.

Vamos ter muitos testes a observar, como a próxima escolha do Ministro do Supremo. Será ele um Ministro da Presidência sozinha e do PT ou do Congresso e do PMDB também?

Algo, porém, é certo. Não existem onipotências.

Nota

1. Político, eleito Presidente da Câmara dos Deputados em 2015.

6. A INUNDAÇÃO DE RECURSOS PROCESSUAIS

OS RECURSOS PROTELATÓRIOS E A MÃO ESTENDIDA DA JUSTIÇA*

Não é por falta de imaginação, de projetos e de propostas que o Brasil não reduz o excesso de recursos. Falta um Pacto Republicano Processual.

O Presidente Peluso propõe para a reforma do Judiciário não um, mas dois ovos de Colombo. O primeiro é de ordem processual.[1] Decidido o caso pelo juiz e pelo tribunal, a sentença passa a valer na hora. Ir aos tribunais superiores não mais suspende a decisão nem a adia.

Ou seja, o Supremo, o Superior Tribunal de Justiça, o Tribunal Superior Eleitoral ou o Tribunal Superior do Trabalho podem rever, porém não suspender a sentença, que tem exigibilidade imediata. O recurso protelatório já não compensa.

Com isso, prestigiam-se os magistrados mais diretamente envolvidos com os casos. Diminuem-se custos e custas do Judiciário. Estado e clientes gastam menos.

Não será uma mudança fácil. O Ministro Peluso teme a oposição da Ordem dos Advogados do Brasil. O que pode ocorrer ou não. Líderes da OAB já percebem que quanto mais a Justiça for célere, mais cidadãos e empresas vão procurá-la. Maior o mercado para advogados no médio prazo.

A outra oposição a temer é a cultura hiperprocessualista da maioria dos magistrados. Mas aí entra o segundo ovo de Colombo. Não é por falta de imaginação, de projetos e de propostas que o Brasil não

---

* Publicado no jornal *Folha de S.Paulo* em 29 de dezembro de 2010.

reduz o excesso de recursos, agravos, embargos etc. Temos soluções para todos os gostos. Falta liderança política e estratégia legislativa.

A reforma do Código de Processo Civil do Ministro Luiz Fux é necessária. No entanto, falta um Pacto Republicano Processual entre os Poderes para essa mudança.

Esse pacto foi publicamente proposto pelo Ministro Peluso à nação, à nova Presidente Dilma Rousseff e ao futuro novo Presidente do Congresso. A mão está estendida. Qual será a resposta? E como será operacionalizado esse pacto?

Nota

[1.] No dia 21 de março de 2011, na sede da Fundação Getulio Vargas, no Rio de Janeiro, o então Presidente do Supremo, Ministro Cezar Peluso, apresentou uma Proposta de Emenda à Constituição, conhecida como PEC dos Recursos (PEC nº 15/11), em que propunha que os recursos das decisões dos tribunais brasileiros de 2ª instância ao Supremo e ao STJ não impediriam a imediata execução da última decisão judicial dada. O inteiro teor dessa proposta está disponível em <www.senado.gov.br/atividade/materia/getPDF.asp?t=88599&tp=1>. Acesso em 19 out. 2014.

A PROPOSTA DO MINISTRO PELUSO*

Somos um país de quatro graus de jurisdição. Desperdício de recursos públicos e prolongamento da insegurança jurídica daí resultam.

Existe grave deformação no sistema recursal no Brasil. Essa deformação é responsável pela lentidão da Justiça e pela sobrecarga dos magistrados e do Supremo, sobretudo.

Caso haja qualquer alegação de que estaria ocorrendo uma violação constitucional em qualquer parte do processo, este não para mais. Caminha, caminha, e vai ao Supremo. Só o Supremo é que vai dizer se existe ou não a violação.

O Ministro Peluso afirmou que há dias em que ele recusa mais de 900 alegações que não preenchem o mínimo razoavelmente aceitável, o que é inaceitável!

O problema é simples. E os números confirmam. O estado democrático de direito, o devido processo legal, exige pelo menos dois julgamentos para assegurar a imparcialidade da Justiça. Mais do que isso, só excepcionalmente, ou é então desperdício protelatório.

Somos um país de quatro graus de jurisdição. Daí resultam tempo desnecessário dos magistrados, dinheiro desperdiçado do contribuinte e insegurança jurídica da sociedade.

Propõe o ministro que as decisões dos tribunais locais, estaduais ou federais sejam decisões passadas em julgado. Não mais execução provisória, mas execução definitiva. Não impede recurso à instância

---

* Publicado no "Blog do Noblat" em 22 de março de 2011.

superior, porém não paralisa a ação. Estima que o tempo será reduzido em mais de 30%. Um grande ganho. Reforça a federação. E a opinião pública será o maior fiscal dos tribunais locais, hoje numa espécie de limbo, pois todos sabem que tudo acaba em Brasília.

Os dados do projeto Supremo em Números, coordenado por Pablo Cerdeira, da Escola de Direito e do Centro de Matemática Aplicada, ambos da Fundação Getulio Vargas, mostram que cerca de 70% dos recursos que chegam ao Supremo são agravos de instrumento, quer dizer, questões processuais e não de mérito.[1]

O povo quer decisão de conteúdo, e não conflitos processuais.

Mostra também que 90% dos processos já tiveram, pelo menos, duas decisões. No entanto, nada se poderá fazer sem o apoio do Executivo.

Os números são impressionantes. O maior usuário do Supremo é o setor público, representa 90%. E, dentro do setor público, é o Poder Executivo Federal, com 68%; e entre os doze maiores litigantes do Supremo dez são estatais. Tendo à frente a Caixa Econômica, com 16%, e a União, com 14%. Em outras palavras: o Supremo trabalha para o Poder Executivo. É a quarta e preferida instância do governo.

Michel Temer[2] e José Eduardo Cardozo[3] ouviram Cezar Peluso. E concordaram que é preciso mudar.

Notas

[1] Projeto desenvolvido pela FGV Direito Rio que analisa as decisões proferidas pelo Supremo Tribunal Federal desde a promulgação da Constituição (1988) até os dias de hoje. Os relatórios produzidos até o momento estão disponíveis em <www.supremoemnumeros.com.br>. Acesso em 19 out. 2014. Os dados mencionados encontram-se no *I Relatório*.

[2] Michel Temer é Vice-Presidente da República do Brasil desde janeiro de 2011.

[3] José Eduardo Cardozo é Ministro da Justiça do Brasil no governo Dilma desde janeiro de 2011. Foi deputado federal por São Paulo, pelo PT, de 2003 a 2011.

PIMENTA NEVES E A PROPOSTA DE EMENDA CONSTITUCIONAL DE PELUSO*

Recurso não é grátis. Quando se entra com um recurso no Judiciário, alguém está pagando.

"Esgotaram-se os recursos." Com essas palavras, Pimenta Neves justificou sua prisão, ao ser levado de sua casa pela polícia, depois da decisão do Supremo.[1] A decisão judicial definitiva de um réu confesso levou 11 anos para ser obtida.

A condenação inicial na primeira instância foi reafirmada mais de uma década depois, por unanimidade, no Supremo Tribunal Federal. Estima-se que mais de vinte recursos de diversas naturezas processuais foram usados pelos advogados de defesa.

Recurso não é grátis. Quando se entra com um recurso no Judiciário, o taxímetro das despesas públicas é acionado. Alguém está usando e se beneficiando da administração pública judicial e alguém está pagando.

E quem está pagando, aliás, quem pagou, foi o contribuinte. Pagou salários de juízes, desembargadores, ministros, promotores, serventuários, delegados, contas de luz, água, correios e por aí vamos. Pagou serviços de informatização, de segurança, uso do patrimônio público. Foram 11 anos de despesas públicas.

Se alguém ainda tinha dúvidas sobre a necessidade e a urgência de se reduzir o número de recursos processuais e de se diminuir o número de instâncias judiciais decisórias, diante do caso Pimenta Neves não pode ter mais.

---

* Publicado no "Blog do Noblat" em 25 de maio de 2011.

Fica evidente que, em nome da defesa dos direitos individuais, há excesso e há abuso do direito de peticionar. São recursos não a favor de que a justiça seja feita, mas sim para impedir e adiar que a justiça seja feita.

Argumentar que os recursos que chegam ao Supremo em matéria penal são necessários em nome dos direitos individuais não é provar. Ao contrário, a prova foi dada pelos dados da presidência do Supremo. Em 5.307 casos, de 2009 a 2010, somente em um houve a reversão da decisão a favor do réu. Todos os outros recursos foram negados.[2]

Será que o próprio Judiciário suporta esse mau uso? É isso o que a sociedade quer? Uma Justiça que demora 11 anos é uma exigência do estado democrático de direito? Ou vai contra o estado democrático de direito? É esse o interesse público?

Encontrar um equilíbrio entre a defesa dos direitos individuais e o excesso e abuso de recursos é um desafio de convergência nacional. É o objetivo da Proposta de Emenda Constitucional de Peluso.

A questão que o Congresso e o país têm de responder, agora tão palpável, perceptível e exemplificada nesse caso Pimenta Neves é: manter o modelo ou mudá-lo?

Notas

[1] Pimenta Neves é jornalista, foi diretor do jornal *O Estado de S. Paulo*. Em agosto de 2000 assassinou a namorada, confessou o crime e ficou preso por sete meses, quando então foi solto para responder a julgamento em liberdade. Voltou a ser preso somente em maio de 2011 por decisão do Supremo.

[2] Esses dados foram amplamente divulgados pelo Presidente do Supremo à época, Ministro Cezar Peluso, em seu artigo "Mitos e recursos" publicado no jornal *Folha de S.Paulo* no dia 8 de maio de 2011, p. A3. Disponível em <www1.folha.uol.com.br/fsp/opiniao/fz0805201107.htm>. Acesso em 19 out. 2014.

DESOBEDECENDO AO SUPREMO*

O que fazer quando a decisão de um juiz é claramente temerária? Quando impõe um ônus desnecessário ao Supremo, ao Poder Judiciário, ao Tesouro Público e aos cidadãos?

O Juiz Geraldo Arantes, da 1ª Vara da Fazenda e Autarquias de Belo Horizonte, declarou inconstitucional a reforma da Previdência, aprovada pelo Congresso.[1]

A autora do caso, uma viúva de um funcionário público, segundo o juiz, teria direito à integralidade do valor do salário de seu marido, como dispunha a Constituição antes da reforma, e não apenas ao que lhe foi pago agora, que é menor.

O juiz argumenta que a viúva teria direito adquirido ao regime jurídico anterior, quando a aposentadoria era integral, mesmo tendo seu marido falecido em data posterior à Emenda Constitucional aprovada e publicada.

Ora, o Supremo, repetidas vezes, decidiu que funcionário público não tem direito adquirido a regime jurídico. Trata-se, apenas, de expectativa de direito.

Essa decisão do Supremo foi tomada em Ação Direta de Inconstitucionalidade que vincula para toda a magistratura.[2] O juiz não poderia decidir em contrário. O Supremo, hierarquicamente superior, limitou sua discricionariedade. Mas o juiz não deve ter se sentido vinculado e desobedeceu ao Supremo. O que ocorre nessas situações?

---

*   Publicado no "Blog do Noblat" em 1º de novembro de 2012.

O estado de Minas Gerais tem de entrar com uma reclamação no Supremo para que seja sustada a sentença do juiz, o que provavelmente será feito. Ou seja, mais um recurso desnecessário a ocupar o tempo dos ministros.

A reclamação é custo para os cofres públicos. É custo para o governo mineiro. Quem paga esses custos? Os contribuintes. Porém, dessa vez, por culpa do juiz.

Mais e mais o Judiciário tem aplicado multas quando as partes praticam lides temerárias ou embargos protelatórios.[3] Esses artigos se aplicam às partes e a advogados quando usam a Justiça inadequadamente. Mas não há previsão do que fazer quando a decisão de um juiz é claramente temerária. Impõe um ônus desnecessário ao Supremo, ao Poder Judiciário, ao Tesouro Público e aos cidadãos.

Uns advogam que deva haver uma punição disciplinar. Trata-se de uma desobediência, no fim das contas, o que, no entanto, poderia ferir o livre convencimento do juiz, que é um dos pilares da independência da Justiça.

Porém, assim como se tenta coibir o abuso do direito de peticionar das partes, como coibir o abuso do direito a livre convencimento do juiz? Na democracia inexistem direitos ilimitados e absolutos. Inclusive o livre convencimento do juiz.

Notas

[1.] A Reforma da Previdência foi aprovada pelo Congresso Nacional em 2003 (Emenda Constitucional nº 41). No caso da pensão por morte de funcionário público, em vez de o dependente – no caso, a viúva – receber integralmente o salário ou a aposentadoria do segurado, receberia o valor máximo do benefício do Regime Geral da Previdência Social – que, em 2013, é de R$ 4.157,05 – acrescido de 70% da parcela excedente a esse limite.

[2.] Nessas ações, a relatora foi a Ministra Ellen Gracie, que assim decidiu em 2005, que não havia direito adquirido neste caso (Adis nº 3.105 e nº 3.108).

[3.] A legislação brasileira permite essa prática conforme se observa dos artigos 17 e 18 do Código de Processo Civil, que assim dispõem: "Art. 17. Reputa-se litigante de má-fé aquele que: I - deduzir pretensão ou defesa contra texto expresso de lei ou fato incontroverso; II - alterar a verdade dos fatos; III - usar do processo para conseguir objetivo ilegal; IV - opuser resistência injustificada ao andamento do processo; V - proceder de modo temerário em qualquer inci-

dente ou ato do processo; VI - provocar incidentes manifestamente infundados; VII - interpuser recurso com intuito manifestamente protelatório.
Art. 18. O juiz ou tribunal, de ofício ou a requerimento, condenará o litigante de má-fé a pagar multa não excedente a um por cento sobre o valor da causa e a indenizar a parte contrária dos prejuízos que esta sofreu, mais os honorários advocatícios e todas as despesas que efetuou."

PARA SER MAIS, O SUPREMO TEM QUE SER MENOS*

Quando o Supremo recebe mais processos do que tem capacidade de resolver, corre o risco de enfartar.

Se houvesse nova Constituição, o Brasil criaria o Supremo outra vez? Como poder da República, distinto do Executivo e do Congresso? Como tribunal superior aos demais? Como guardião de direitos fundamentais da cidadania? Capaz de coibir corrupção e abusos do poder do Estado, do poder econômico e das corporações? Provavelmente, sim.

Nesses 25 anos, os ideais que o Supremo simboliza se tornaram tão necessários quanto o ar que respiramos. Mas navegar é preciso. O desafio se renova. Esses ideais têm sido concretizados? Que obstáculos enfrentam? Por que desvios caminham? O que propor para um Supremo melhor?

Imaginemos o Supremo como um coração da democracia. Recebe o sangue dos conflitos. Processa a paz das sentenças. Entretanto, o Supremo tem recebido mais processos do que resolve. O coração não está funcionando bem. Os sintomas de patologias são mensuráveis. Pré-enfarte. Cito dois.

Entre 2011 e 2013, o Supremo aceitou julgar 7.780 mil novos recursos envolvendo o funcionalismo público, aceitando-os como questão nova e nacionalmente relevante.[1] Um funcionário público tem 26 vezes mais acesso ao Supremo do que um trabalhador de carteira assinada.

---
* Publicado no jornal *O Globo* em 3 de outubro de 2013.

Excessivo fluxo privilegiado.[2] Em 1988, o Supremo recebeu 10.103 processos, 918 por ministro. Em 2006, já recebia 129.080, 11.734 por ministro. A Emenda Constitucional nº 45 tentou reduzir o fluxo. Chegou a cerca de 60 mil, mais de 5.400 por ministro.[3] Quase vitória.

Mas, em 2010, criou-se novo recurso: agravo em recurso extraordinário. Reavivou o fluxo. Em 2012, o Supremo já aceitou 22% mais processos do que 2011.

É ilusão acreditar que um ministro pode julgar 5.400 processos por ano. Não é, porém, ilusão à toa. Há graves consequências. Os conflitos não desaparecem. Nem o país fica em paz. Os conflitos correm e vão ser "julgados" em outros sistemas: o sistema da lei econômica ou fisicamente mais forte, o do arbítrio do Estado, o da ilegalidade banalizada, o da indignação das ruas, o da corrupção. Sistemas paralelos que atuam como *by-passes* ao entupimento do Supremo.

Estes 25 anos de Constituição identificam essa patologia. Seria importante, agora, fechar as recursais veias abertas do Supremo. Quem pode fazer isso?

Nenhum país tem tempo nem orçamento para quatro graus de jurisdição. Nem a Justiça precisa de tanto para ser democrática. Para ser mais, o Supremo precisa ser menos. Selecionar-se melhor. Como?

A canção adverte. Quando "não dá mais para segurar, explode coração". Explode a confiança democrática na eficiência do Supremo. A desconfiança contamina o corpo social.

Notas

[1] Sobre o tema, ver FALCÃO, Joaquim e HARTMANN, Ivar. "Acesso ao Supremo: quando os recursos são parte do problema", *Diálogos sobre Justiça*, vol. 1, 2013, p. 38-48.

[2] Idem.

[3] Esses dados podem ser consultados no *I Relatório* do projeto da FGV Direito Rio Supremo em Números, disponíveis em <www.fgv.br/supremoemnumeros/publicacoes.html>. Acesso em 29 abr. 2015.

O SUPREMO TRIBUNAL DE PEQUENAS CAUSAS*

O Supremo está sendo usado como um Supremo das Pequenas Causas.

Nos últimos dias, o Ministro Zavascki do Supremo precisou usar seu tempo para decidir se é devida ou não a indenização por danos morais a um consumidor que comprou um saco de pães de queijo mofados no valor de R$ 5,69. É realmente esse o papel da mais alta Corte do país?

Situações como essa não são exceção. Desde 1996, chegaram à Corte mais de 6 mil processos de consumidor pedindo indenização por dano moral. Mais de 2 mil vieram apenas em 2012, 40% a mais do que no ano anterior. Os dados parecem ir na contramão das recentes reformas judiciárias, cujo objetivo era diminuir a carga de processos do Supremo. Não foi o que aconteceu.[1]

É claro que nem todos os novos processos tratam de questões tão singulares como a acima descrita. Mas como separar os casos de impacto nacional daqueles de impacto individual? Como respeitar direitos sem inviabilizar os tribunais? A solução passa por dois pontos.

O primeiro, como ressaltou o Ministro Zavascki, vai além de mecanismos legislativos. É preciso uma mudança cultural. Incentivar outras formas de solução de conflitos, sem o Judiciário. A cultura de advogados de que tudo pode ser resolvido nas Cortes sobrecarrega o

---

* Publicado no "Blog do Noblat" em 23 de dezembro de 2013.

sistema. É uma Justiça de todos que acaba não sendo de ninguém. Muitas vezes uma situação que poderia ser mero mal-entendido se torna "conflito" porque entra com ação judicial. É o paradoxo do hospital fazendo surgir a doença.

O segundo ponto é que nem tudo que vai ao Judiciário precisa chegar ao Supremo. Danos morais por pequenas causas podem e muitas vezes devem ser resolvidos no Judiciário. Mas é razoável que tenham chegado no Supremo Tribunal Federal, nos últimos anos, 171 casos sobre extravio de bagagem?

Os Ministros do STF precisam começar a usar de forma mais intensa o mecanismo de filtragem que o legislador lhes deu em 2007.[2] Não podem, como disse também o Ministro Zavascki, julgar causas que não sejam relevantes para o país. Não podem analisar problemas que afetam apenas um brasileiro em uma pequena compra cotidiana, nem decidir milhares de vezes a mesma questão relacionada a uma empresa, obrigando seus consumidores a aguardar até o último recurso.

O Supremo leva em média 162 dias para julgar processos de dano moral de consumidor. É quase meio ano. Quanto tempo levará para deixar de ser um Supremo Tribunal de Pequenas Causas?

Notas

[1] A Emenda Constitucional nº 45 de 2004 trouxe uma série de reformas ao Poder Judiciário, como a possibilidade de o Supremo editar súmulas vinculantes – decisões que obrigariam todos os juízes do Brasil a aplicá-las quando estivessem julgando casos semelhantes – e o instituto da repercussão geral, que limita os casos que chegam na Corte. Com ela, os recursos que chegam têm que demonstrar a sua importância para o país. Nesse mesmo sentido, foram criados também os recursos repetitivos no âmbito do Superior Tribunal de Justiça. Essas medidas foram implementadas em 2007.

[2] Ano de implementação da repercussão geral.

O QUE FALTA NO SUPREMO*

Ministros não precisam nem devem convergir nos votos. Mas precisam convergir em procedimentos que levem à eficiência institucional.

Ao Supremo não falta nada. Tem orçamentos aprovados: mais de 1.500 servidores. Recursos financeiros e tecnológicos suficientes e bons salários. Ministros com automóvel, motorista, viagens e publicações como queiram. Muito bom sistema de estatísticas. Instalações físicas deslumbrantes. E tem o respeito dos demais Poderes. Tem ainda um crescente mercado: as partes e os cidadãos precisam desesperadamente dele.

Por que então é tão lento? Não consegue produzir decisões com a agilidade que dele esperam as leis, a sociedade e a democracia. O que lhe falta? Antes de colocar a culpa no Congresso, que decide nosso direito processual, talvez fosse bom analisar a gestão interna do próprio Supremo.

Imaginem uma empresa, país ou instituição que mude de Presidente a cada dois anos. Que cada Presidente somente execute um orçamento no seu mandato. Que, para tomar qualquer decisão administrativa relevante, o Presidente precise do voto de todos os 11 conselheiros. Que o conselho seja centralizador. Que qualquer conselheiro possa desobedecer às decisões, mesmo tendo sido amplamente derrotado. E que contrariar a maioria não lhe traga incômodo algum. Que os conselheiros sejam inamovíveis, mas de

---

* Publicado no jornal *O Globo* em 5 de junho de 2014.

gerações diferentes, formações diferentes, objetivos diferentes e visões distintas.

Com esse modelo de governança, a lentidão é um destino.

Essa instituição é o Supremo. O que um Ministro do Supremo tem a ver com isso?

Nada. Aliás, tudo. Nem são administradores, tampouco um ministro é responsável individualmente. Mas todos herdaram e praticam essa governança inadministrável, feita historicamente por camadas superpostas de ineficiências anônimas e caóticas. Aliás, é bom tomar cuidado. A história, como diz Piketty,[1] economista da moda, pode devorar o futuro.

Permitam um exemplo para ilustrar essa antigovernança. Em 2007 implantou-se o mecanismo da repercussão geral, semelhante ao que bem funciona nos Estados Unidos. Ou seja, como existem muitos casos com teses iguais, julga-se apenas uma, que terá repercussão geral sobre os milhares de outros casos iguais. Assim, julgando-se uma tese, decidem-se milhares de processos. Óbvio.

Para tanto, o Supremo teria de fazer três procedimentos. Primeiro, listar, pinçar, escolher as teses a serem julgadas e merecedoras de repercussão geral. Escolhida a tese, por exemplo, a da obrigatoriedade, ou não, de o Estado fornecer medicamento de alto custo a portador de doença grave que não possui condições financeiras para comprá-lo, o Supremo faria o segundo procedimento: decidiria se a tese é certa ou não. Finalizaria mandando os tribunais aplicarem a sua decisão aos milhares de casos iguais, que instantaneamente desapareceriam.

Simples, não? Não.

Em sete anos o Supremo escolheu 512 teses merecedoras de repercussão geral. Ou seja, uma média de 73 por ano. Entretanto, julgou somente 174 das 512 escolhidas. Um déficit total de 338, ou 48 por ano.

O problema é que, enquanto não julga as restantes 338 teses escolhidas, os processos iguais estão suspensos. Param. Hoje, pelo site do Supremo, existem 685.034 processos parados. Provavelmente mais de um milhão de interessados estão com a vida em suspenso. Os processos não seguem o lento rito normal nem são beneficiados pela inovação anunciada, prometida mas não vinda. A fila cresce, só que não anda.

Ministros não precisam nem devem convergir nos votos. Porém, precisam convergir em procedimentos que levem à eficiência institucional. Até o Supremo americano tem metas a cumprir. A cada ano eles se comprometem a julgar um determinado número de ações. E julgam.

Se o Supremo se comprometeu com a repercussão geral, que a faça bem funcionar. A sociedade, o Executivo e o Congresso têm lhe dado tudo o que pede e tudo aquilo de que necessita.

Nota

[1] Thomas Piketty, economista francês, nascido em 1971.

POR QUE O SUPREMO NÃO CUMPRE SEUS PRÓPRIOS PRAZOS?*

Quem será capaz de fazer com que o Supremo se cumpra a si próprio?

O maior crítico do Supremo é o próprio Supremo. São seus próprios números. Sua própria realidade. Não cumpre os prazos dos pedidos de vista nem de publicação dos acórdãos, por exemplo.

As liminares que seriam decisões urgentes, para evitar perigos, são tomadas em média de 44 dias. Se de matéria penal, são trinta dias. Em questões fiscais, 69 dias.[1] Por que tanto tempo?

Esta pergunta é antiga.

São muitas razões. Todas exaustivamente diagnosticadas pelos próprios ministros, advogados, acadêmicos, legisladores, mídia e grande parte da opinião pública.

A pergunta nova é outra.

Quem será capaz de fazer com que o Supremo se cumpra a si próprio? O Ministro Lewandowski em seu discurso de posse se mostra aberto à necessidade de "atualizar e consolidar o regimento interno da Casa".[2]

Chega de razões. É hora de façanhas, diria Cervantes.

Esta façanha tem um claro responsável: a nova geração de ministros que começa a comandar o Supremo. Com Cármen Lúcia, Teori Zavascki, o ministro mais eficiente de todos, Dias Toffoli, Luís Roberto Barroso, Rosa Weber, Luiz Fux. E os que ainda estão por vir.

---

*   Publicado no site *Jota* em 24 de setembro de 2014.

Proust dizia que o hábito é a segunda natureza do homem. Nada mais difícil do que mudar o hábito das antigas gerações. Entendem a lentidão processual quase como direito natural do ministro. Não é.

Cada geração tem sua missão. Conquistar a legitimidade política foi a de ontem. Construir a eficiência decisória é a de amanhã. Façanha da presente nova geração de ministros. Afinal, a eficiência do Supremo é um direito dos cidadãos.

Notas

[1.] Como demonstra o *III Relatório do Supremo em Números: o Supremo e o Tempo*, de Joaquim Falcão, Ivar Hartmann e Vitor Chaves, disponível em <www.fgv.br/supremoemnumeros/>. Acesso em 2 jun. 2015.

[2.] Discurso disponível em <www.stf.jus.br/arquivo/cms/noticiaNoticiaStf/anexo/discursoministroRL.pdf>. Acesso em 6 jun. 2015.

O SUPREMO E A RAZOÁVEL DURAÇÃO DO PROCESSO*

O não cumprimento dos prazos processuais não é apenas questão de eficiência administrativa. É mais. Fere o devido processo legal e cria grande insegurança jurídica.

O Ministro Ricardo Lewandowski, com uma resolução, tomou duas decisões importantes para assegurar o direito das partes à razoável duração do processo no âmbito do Supremo.

Primeiro, estando pendentes de publicação mais de dois mil acórdãos proferidos pelas turmas e pelo Plenário, determinou que aqueles cuja pendência dura mais de sessenta dias sejam publicados em até dez dias. Ou seja, na próxima semana. Se cumprida esta determinação, será a maior onda de publicações de acórdãos na história do Supremo.

Segundo, determinou que, se ultrapassado o prazo regimental de sessenta dias para publicação, sem que haja pedido justificado de prorrogação por parte dos ministros, o acórdão deve ser publicado de qualquer maneira, com a ressalva de que as transcrições dos votos não foram revistas.

Com isso, o ministro determinou ao Supremo que cumpra suas próprias normas. Seu próprio regimento, nos artigo 95 e 96.

São medidas indispensáveis. E positivas. Se as prorrogações não virarem regra, a nova resolução deve reduzir o atual tempo médio de publicação que, conforme demonstrou o Supremo em Números, é de 167 dias.[1]

O risco que corremos é o de ultrapassarmos a era de aumento de prazo não justificados para entrar na dos aumentos de prazo

---

* Publicado no site *Jota* em 23 de outubro de 2014.

justificados. Ou seja, que a justificação seja uma mera formalidade. Rotina.

Quais os motivos que justificariam o ministro pedir mais de sessenta dias?

Estes critérios devem ser claros. E o pedido de aumento de prazo deve ser motivado e publicado, para que as partes sejam informadas e para que haja o controle pela própria presidência.

O não cumprimento dos prazos processuais não é apenas questão de eficiência administrativa. É mais. Fere o devido processo legal e cria – não somente entre as partes da ação, mas, no caso do Supremo, para todo o sistema Judiciário – grande insegurança jurídica. Passam-se meses sem que se saiba ao certo o exato teor da decisão. Fica-se no limbo: só há valor jurídico depois da publicação no Diário Oficial.

A razoável duração do processo é aferida não apenas por regras formais, mas também por hábitos dos ministros, de seus gabinetes e secretarias. É muito mais fácil mudar uma resolução do que mudar um hábito. No caso, o hábito de não se respeitar prazos.

O Ministro Lewandowski mudou o regimento para que o Supremo comece a mudar o hábito.

Nota

[1.] Como demonstra o *III Relatório do Supremo em Números: o Supremo e o Tempo*, de Joaquim Falcão, Ivar Hartmann e Vitor Chaves, disponível em <www.fgv.br/supremoemnumeros/>. Acesso em 2 jun. 2015.

ABUSO DO DIREITO DE RECORRER*

Colocar limites ao abuso do direito de recorrer é uma questão de sobrevivência operacional para o Supremo

Em recente decisão unânime do Supremo, tratada no *Jota*[1] por Luiz Orlando Carneiro,[2] foram reforçadas duas condições para que exista abuso do direito de recorrer. Primeiro, que o recurso seja manifestamente protelatório. Segundo, que exista um risco iminente de prescrição da pretensão punitiva.

Quando isto ocorre, há uma consequência. O ministro relator pode, de forma monocrática, mandar baixar os autos diretamente ao tribunal de origem, para que a decisão seja cumprida imediatamente.

Dispensa o aguardo da publicação e a possibilidade posterior de agravo de instrumento, que levaria o caso decidido monocraticamente para a turma. São procedimentos dispensáveis, em caso de abuso do direito de recorrer, para que se declare o trânsito em julgado e se cumpra a decisão judicial.

Este é o ponto teórico decisivo. Ou seja, existem certos procedimentos e recursos que não gozam, por definição, da natureza de "indispensáveis ao devido processo legal". Ao contrário, dependendo de como são usados ou abusados, são obstáculos e não viabilizadores do estado democrático de direito.

A forma processual legal se opõe à necessária substância do direito democrático.

---

* Publicado no site *Jota* em 21 de novembro de 2014.

Na verdade, o direito a uma organização eficiente e imparcial da decisão judicial não é um direito individual apenas das partes. É um direito público da cidadania. Foi o liberalismo patológico radical que transformou o direito processual – que é um direito público da cidadania – num direito exclusivo de uma parte. Não é. É também. Mas não exclusivamente.

Transformou a solidariedade que define a convivência social, no egoísmo que protege os interesses particulares.

Nos atuais tempos de excesso de casos, com algumas demandas seletivas para algumas partes privilegiadas, e não de escassez de oferta de sentenças e de juízes, colocar limites ao abuso do direito de recorrer é uma questão de sobrevivência operacional para o Supremo.

Notas

[1.] Disponível em <jota.info/supremo-facilita-baixa-de-recurso-protelatorio>. Acesso em 2 jun. 2015.

[2.] Luiz Orlando Carneiro, jornalista integrante do site *Jota*.

7. A CONSTITUCIONALIZAÇÃO DA FICHA LIMPA

FICHA LIMPA, ELEIÇÃO LIMPA*

Será que o interesse público na defesa da moralidade e da probidade administrativa pode justificar mudança de regras no meio do jogo?

A lei aprovada resulta de embate político que acabou no Congresso, mas se originou fora dele.[1] De um lado, Associação dos Magistrados Brasileiros, mídia, opinião pública, movimentos sociais e Igreja católica. De outro, deputados que são réus na Justiça, ruralistas e outros movimentos sociais. Esses interesses contrários se revestem de argumentos constitucionais que muitas vezes também são contrários à Constituição.

Aqueles que são a favor da ficha limpa se baseiam no artigo 14, parágrafo 9º, da Constituição, determinando que lei complementar estabeleça os casos de inelegibilidade a fim de proteger a probidade administrativa e a moralidade para o exercício do mandato, considerada a vida pregressa do candidato. Essa legislação complementar veio agora, com mais de 20 anos de atraso.

Aqueles que são contra alegam que a Constituição defende a presunção de inocência, pois ninguém pode ser privado de sua liberdade sem o devido processo legal. Eles têm razão também. O candidato pode estar sendo privado da liberdade de se candidatar sem ter finalizado o seu processo. A lei institui pena antecipada. Talvez imerecida, no final. Fazer a lei é obrigação que a Constituição impõe.

---

* Publicado no jornal *Folha de S.Paulo* em 13 de maio de 2010.

O Congresso estava em mora com os eleitores e fez o que pôde para não ofender o princípio da presunção de inocência. Proibiu apenas candidatos com sentenças colegiadas condenatórias. A Câmara respondeu rápido para seus padrões. Apreciou, votou e aprovou o projeto de lei em 222 dias.

Provavelmente, os interesses perdedores vão ao Supremo. Mas não houve omissão do Congresso. O processo eleitoral já começou. Será que o interesse público na defesa da moralidade e da probidade administrativa pode justificar mudança de regras no meio do jogo? Ou, em nome da presunção de inocência, adia-se a entrada em vigor da lei?

Nota

[1.] A lei aqui mencionada é a Lei da Ficha Limpa, isto é, a Lei Complementar nº 135 de 2010.

A LUZ DO SOL É O MELHOR DETERGENTE, MAS ELE APENAS COMEÇOU A FUNCIONAR*

Em matéria de corrupção o melhor detergente é a luz do sol, ou melhor, a transparência pública. Isso vale inclusive para juízes, tribunais e o Supremo.

À primeira vista, se o Tribunal,[1] que é o Superior em matéria eleitoral, confirmasse que a Lei da Ficha Limpa vale para esta eleição, tudo estaria resolvido. Não está.

O Poder Judiciário é hierárquico. Donde é possível que interesses de contrariados, como Paulo Maluf, governadores cassados e outros, encontrem um caminho para apelar e tentar jogar o tribunal que é Supremo contra o que é apenas Superior (TSE), argumentando que a decisão que é da Justiça Eleitoral de anteontem contraria a Justiça que é constitucional de sempre. Essa estratégia é possível legalmente, mas de eficácia eleitoral duvidosa.

Já se disse que em matéria de corrupção o melhor detergente é a luz do sol, ou seja, a transparência pública.

No fundo, o que foi decisivo para a aprovação da lei foi o fato de a votação no Congresso ter sido aberta e nominal. Cada congressista teve que declarar seu voto transmitido pela televisão. Se o voto fosse secreto, o resultado provavelmente seria outro. Isso vale também, embora valha menos, para juízes e tribunais. Inclusive para o Supremo, por menos sujeito a influências da opinião nacional que seja – e é.

---

* Publicado no jornal *Folha de S.Paulo* em 19 de junho de 2010.

Será difícil obter uma decisão contrária do STF, diante de tanta unanimidade nacional. O Supremo teria que julgar num tempo recorde. Provavelmente, o resultado final só viria depois das eleições.

Não deve haver tempo hábil para interesses contrariados vencerem esse obstáculo temporal. Mesmo porque a responsabilidade não é mais do congressista e dos juízes. É, sobretudo, do eleitor.

Será que ainda existem cidadãos que se disporiam a votar num candidato com ficha de indícios fortemente suja? Além disso, sujeito a ter sua eleição anulada? Será que ainda existem cidadãos dispostos a desperdiçar assim seu voto?

Além da corrida jurídica, tem também a administrativa. Como o Tribunal Superior Eleitoral vai saber, caso a caso, em milhares de candidaturas, quais os que têm ficha suja? Inexistem bancos de dados com todas as informações que a lei requer. O Juiz do TRE-RJ Luiz Roberto Ayoub vê uma solução: auto e mútua regulação. Cada partido ou candidato terá que fiscalizar o concorrente e informar o tribunal.

De resto, não há que se iludir. A lei não impede que grupos ilegais, traficantes, milícias, crime organizado, ímprobos tenham simpatizantes ou aliados nas câmaras, nas assembleias, nas prefeituras e nos governos. Mas muito dificulta. O detergente apenas começa a funcionar.

Nota

[1.] O Tribunal Superior Eleitoral, em 17 de agosto de 2010, julgou o recurso de Francisco das Chagas Rodrigues Alves (candidato a deputado estadual pelo Ceará), que teve o seu registro de candidatura não admitido, entendendo, então, que a Lei da Ficha Limpa valeria para as eleições daquele ano. Não havia, ainda, decisão do Supremo sobre o tema.

E AGORA, JOSÉ?*

*O Supremo nada decidiu. Fala, porém está calado.
Às vezes, não decidir é uma maneira de decidir.*

O Supremo tinha que decidir qual o interesse público mais relevante para o país: o interesse público da imediata moralização do processo eleitoral ou o interesse público da segurança jurídica, de que não se mudam as leis, as regras do jogo, com tanta rapidez. A democracia exige ambos. Deu empate.

Agora, com a renúncia de Roriz,[1] o processo[2] deve parar de vez. Mas não altera o resultado real: por enquanto, o Supremo nada decidiu. Fala, porém está calado. Às vezes, não decidir é uma maneira de decidir. Acarreta consequências do mesmo modo.

Quais as consequências da não decisão do Supremo? A mais importante é que todos os ministros se comprometeram, ao vivo, com a constitucionalidade da Lei da Ficha Limpa, no tempo adequado.[3] O futuro está, pois, assegurado. A moralidade eleitoral avança.

Depois, ao suspender a votação, o Supremo colocou a culpa da confusão no Presidente Lula, que já leva mais de 52 dias para indicar o décimo primeiro ministro do próprio Supremo. O que, aliás, não é ilegal. A Constituição não determina prazo. Lula ia fazê-lo depois das eleições. Depois da confusão vai se apressar?

A outra consequência é que a não decisão do Supremo aumenta em muito o risco do eleitor. O nome do "ficha-suja" aparecerá na

---

* Publicado no jornal *Folha de S.Paulo* em 25 de setembro de 2010.

urna de qualquer modo. O eleitor poderá votar nele. No entanto se, depois, o Supremo considerar que a lei valia para estas eleições, mesmo eleito o candidato não toma posse.

Pior, como os votos dados aos "fichas-sujas" são nulos, não beneficiarão a legenda, o partido. Candidatos puxadores de voto como Garotinho, que elege consigo no Rio de Janeiro mais uns quatro deputados do PR, não os elegerá se a decisão sobre a validade da lei vier depois da eleição.

Em resumo: o voto do eleitor pode não valer. O candidato eleito pode não se diplomar. Os candidatos do partido que contavam com as sobras de votos, também não podem contar com elas. O partido elegerá menos.

O risco da não decisão não será do candidato. Será do partido, dos demais candidatos e do eleitor. A ficha suja pode contaminar o voto limpo. E o próprio processo eleitoral.

Notas

[1.] Joaquim Roriz é político brasileiro. Foi Governador do Distrito Federal por quatro mandatos. Em 2007, assumiu o mandato de Senador da República, mas em julho daquele ano renunciou em razão de denúncias de corrupção.

[2.] O Supremo contava somente com dez ministros ao julgar o recurso (RE nº 63.0147) contra o ex-Senador pelo Distrito Federal, Joaquim Roriz, que pedia que fosse realizado o registro de sua candidatura para o governo do Distrito Federal, uma vez que o Tribunal Superior Eleitoral tinha indeferido o seu registro. Isso porque em julho de 2010 o Ministro Eros Grau se aposentou e a nomeação de seu sucessor, o Ministro Luiz Fux, ocorreu somente em fevereiro de 2011. Com dez ministros, cinco votaram contrários ao registro da candidatura e a favor da aplicação imediata da Lei da Ficha Limpa e os outros cinco, a favor do registro da candidatura e contrários à aplicação imediata da Lei da Ficha Limpa.

[3.] Como todas as sessões do plenário do Supremo, o julgamento de Joaquim Roriz foi transmitido a todo o Brasil pela TV Justiça, canal aberto do Supremo.

NO ATUAL EMARANHADO JURÍDICO-POLÍTICO, O JUIZ TORNA-SE ELEITOR FINAL*

Nos Estados Unidos, quando o Supremo não decide, fica tudo definitivamente como está. Aqui, não. Fica tudo temporariamente como está. Poderá haver mudança. Aí vem a insegurança jurídica.

Fica cada vez mais claro que a eventual inelegibilidade de um candidato afeta a inelegibilidade de muitos, ou de quase todos. A decisão do Tribunal Superior Eleitoral, de acordo com a lei, aliás, de considerar nulo o voto dado aos que possam ser considerados definitivamente inelegíveis provoca essa consequência. Afeta o inelegível e seus concorrentes. Mas são consequências diferentes para senador, deputado e governador.

Quanto aos senadores, é fácil entender. A eleição é uma competição, como no esporte, em que os dois primeiros ganham medalha; os dois senadores mais votados irão para o pódio, o Congresso. Porém, quando se constata que o segundo lugar usou *dopping*, o terceiro lugar, que não foi para o pódio e não ganhou medalha, passa a ter direito, pois pula para o segundo lugar.

Começa a ficar confuso no caso dos deputados. Pois um deputado tornado inelegível depois da eleição altera todo o tamanho da bancada do partido político. Pode ou não haver substituição. Ou pode ocorrer que muitos eleitos com as sobras do inelegível terão que sair do pódio. A insegurança do inelegível atinge a segurança dos eleitos. Em ambos os casos, senador e deputados, não se afeta o processo eleitoral, apenas seu resultado.

---

* Publicado no jornal *Folha de S.Paulo* em 1º de outubro de 2010.

No caso dos candidatos a governador o processo é diferente, pois a eleição prevê segundo turno. Se um candidato for declarado inelegível, altera-se a necessidade ou não do segundo turno. Altera-se tanto o resultado quanto o processo.

Como o TSE vai fazer? Vai mandar fazer outra eleição para governador ou para senador? Situações desiguais exigem tratamentos diferentes. O eleitor precisaria saber antes as consequências do tratamento. Mas não há tempo.

Diante da ausência do Supremo na questão da ficha limpa, ou melhor, diante da intensa presença de sua ausência, o TSE está fazendo o possível para implantar, agora, a ficha limpa. No entanto, ao contrário dos Estados Unidos, onde, quando o Supremo não decide, fica tudo definitivamente como estava, aqui não. Aqui fica apenas temporariamente. Pode sempre haver mudanças através de recursos. Aí reside a insegurança jurídica.

Nem todos os recursos foram julgados e devem ser julgados. Quando forem julgados depois das eleições, voltamos à situação de antes da ficha limpa: mandatos sendo interrompidos, vencedores sendo perdedores e vice-versa. Nesse emaranhado jurídico-político, o juiz, sem o pretender, tornou-se, em alguns casos, poderoso eleitor pós-eleitoral, eleitor final. Isto é, ele pode, ao apreciar os recursos, deseleger políticos eleitos pelos eleitores.

FICHA LIMPA NA MARCA DO PÊNALTI*

Como o Supremo se autodesempata? Como o Supremo se desparalisa?

No final, quem decide o que o Supremo julga é o seu Presidente, Ministro Cezar Peluso, o controlador da pauta. Se colocou na pauta a Lei da Ficha Limpa, está com esperanças. O empate que paralisou o caso de Joaquim Roriz não vai impedir o Supremo de decidir. O mistério é como desfazer essa paralisia. Eleitores, partidos e candidatos aguardam. O Brasil aguarda.

Toda grande decisão é complexa. Resulta de várias pequenas decisões que num momento conjugam. Como no caleidoscópio. Assim será hoje.[1] Pode acontecer tudo, inclusive nada. Mas são várias as saídas.

A mais simples delas é um ministro voltar atrás na sua posição, o que é rotina. Outra é surgir uma terceira posição que consiga maioria. Em vez do tudo ou nada, se a Lei da Ficha Limpa vale ou não para estas eleições, pode ainda o Supremo tomar decisão mais específica, e isso significará que houve acordo prévio entre os ministros, o que é possível.

A principal decisão, porém, não será sobre ficha limpa. É maior. É sobre o funcionamento do próprio Supremo enquanto instituição que tem a palavra final sobre as leis, a vida do país. Como ele se autodesempata? Como o Supremo se desparalisa?

---

* Publicado no jornal *Folha de S.Paulo* em 27 de outubro de 2010.

Há duas opções. Ou o Presidente Cezar Peluso vota duas vezes. Chame-se a isso voto de qualidade ou como queira. O que seria inédito. Não previsto na Constituição. Um ministro terá sido maior que os outros. Ou o Supremo delega: decide que quem decide é o Tribunal Superior Eleitoral (TSE). Aí a Ficha Limpa vale agora e Jader Barbalho é inelegível.

Se isso ocorrer, no Pará teremos que esperar outra decisão. Assume o suplente, Fernando Ribeiro?[2] Ou haverá novas eleições? Como fica o Senador Flexa Ribeiro, eleito em primeiro lugar[3] e que não tem nada a ver com isso? O Supremo se autocomplicou. A insegurança permanece. Insegurança de quem?

Alguns congressistas acham que no caso de Roriz o Supremo tinha que decidir entre dois interessados. Quem teria razão? O tribunal que cassou (o TSE) ou o candidato insatisfeito? Agora é entre três. O TSE, Jader Barbalho e seus eleitores. Quem tem razão? Pois os eleitores já tomaram posição. Votaram de boa-fé. É fácil argumentar, mas vai ser difícil explicar. A lei vale, porém os votos dados, não.

Outros acham que o culpado pelo labirinto de pequenas decisões foi o Presidente da República, Luiz Inácio Lula da Silva, por não ter, em quase três meses, indicado novo ministro. Se tivesse, seriam 11. Não haveria empate. A legitimidade das eleições e da democracia no Brasil aconselha a não se esperar por esse último ministro.

Ele antes terá que ser aprovado pelo Senado. Líderes oposicionistas como Tasso Jereissati,[4] Arthur Virgílio,[5] Marco Maciel[6] e outros perderam as eleições, no entanto ainda estão lá no Senado. Será difícil a oposição concordar de imediato com a indicação de Lula. Só mesmo um nome de superconsenso pode ser aprovado neste ano. Será que esse nome existe?

O tempo regulamentar esgotou. Passamos da prorrogação. A decisão foi para os pênaltis.[7]

Notas

[1] Em setembro de 2010 o Supremo, ao julgar o recurso de Joaquim Roriz (ver, neste livro, o artigo "E agora, José?", p. 223), não decidiu. Empatou a respeito da aplicação ou não da Lei da Ficha Limpa às eleições daquele ano. Em outubro de 2010, entrou novamente na pauta do Supremo um novo recurso (RE nº 631.102), dessa vez proposto pelo então Deputado Federal pelo Pará Jader Barbalho, que queria ter o registro de sua candidatura para o Senado Federal. Essa decisão do Supremo ocorreu após as eleições (eram duas vagas para o Senado) e Jader Barbalho ter sido o segundo candidato mais votado no estado para o Senado, com quase 1,8 milhão de votos.

[2] Fernando Ribeiro é político brasileiro filiado ao PMDB do Pará que já foi quatro vezes suplente. Exerceu o mandato somente quando suplente de Jader Barbalho, quando este renunciou. Foi senador por apenas 15 meses, até o término do mandato.

[3] Flexa Ribeiro é empresário e político brasileiro. Desde 2005 é Senador da República, com dois mandatos consecutivos, pelo PSDB.

[4] Político, foi senador e Governador do Ceará em três gestões.

[5] Político, foi senador, vereador e Prefeito de Manaus.

[6] Político, foi deputado e Governador de Pernambuco.

[7] Os ministros, por maioria de votos (7 x 3), adotaram o critério de desempate proposto por Celso de Mello aplicando a regra do Regimento Interno do Tribunal segundo a qual, na hipótese de empate, o ato contestado permanece válido. Assim, o plenário determinou que a decisão do TSE que indeferiu a candidatura de Jader Barbalho deveria prevalecer.

ESCOLHA DE ARTIGO DA CONSTITUIÇÃO DEFINE VOTO DE MINISTROS*

Há convergência entre vencedores e vencidos no STF; não se devem mudar regras do jogo eleitoral depois do jogo iniciado.

Tendo todos os ministros mantido a mesma posição no julgamento da candidatura de Joaquim Roriz, o novo e decisivo voto foi do Ministro Luiz Fux.[1] A partir daí, duas constatações.

Primeiro, o Supremo é a favor da Lei da Ficha Limpa, que é definitivamente constitucional e será aplicada nas futuras eleições para prefeito e para todas as outras. Segundo, a lei não valeu para estas eleições e o julgamento sobre a candidatura do senhor Leonídio Bouças[2] tem repercussão geral.[3] Valerá para todos os "30 e poucos" candidatos que foram condenados por improbidade mas tiveram votos para se eleger.

O voto de Fux se estruturou da seguinte maneira. Antes, ele escolheu o artigo da Constituição em que se basearia, no caso, o artigo 16, em que é dito: "A lei que alterar o processo eleitoral entrará em vigor na data de sua publicação, não se aplicando à eleição que ocorra até um ano da data de sua vigência." Poderia ter escolhido outro, como um dos artigos que tratam da moralidade da administração pública (artigo 37)[4] e que valem para os congressistas também, conforme propôs o Ministro Ricardo Lewandowski.

Essa escolha do artigo é fundamental e é sempre uma surpresa. Um momento de expectativa e de tensão na sociedade. Um momento

---

* Publicado no jornal *Folha de S.Paulo* em 24 de março de 2011.

de incerteza jurídica temporária. Nessa livre escolha se esconde e se explicita o poder do magistrado. É ato de vontade do ministro. A Constituição não predetermina o artigo que ele tem de escolher. Há flexibilidade interpretativa.

Dada a escolha, a argumentação é consequência natural. A Lei da Ficha Limpa foi aprovada um ano antes das eleições? Não. Alterou o processo eleitoral? Sim, se se entender que este começa um ano antes do dia do voto, isto é, em outubro de 2009. Não, se o processo se iniciar só depois do prazo do registro das candidaturas, quer dizer, depois do dia 5 de julho de 2010. O Ministro Fux optou pelo sim. A lei não valeu.

Existe uma convergência entre vencedores e vencidos no Supremo Tribunal Federal. Não se devem alterar as regras do jogo eleitoral depois de ele ter começado, pois cria-se insegurança jurídica. A maioria vai mudar sempre a seu favor. Saímos da democracia. Ou seja, não se mudam regras para evitar que a minoria seja prejudicada.

Mas existe também uma divergência. As regras podem ser mudadas desde que não seja por motivos antidemocráticos de manipulação do poder. Esse foi o debate. Agora é avaliar, refazer as contas e ver, finalmente, quem foi eleito e quem não foi.[5]

Notas

[1.] Em 2010, o Supremo não conseguiu decidir se a Lei da Ficha Limpa valia ou não para as eleições de 2010. Empatou na votação de Joaquim Roriz, que, após renunciar à candidatura, fez com que o Supremo não tivesse que desempatar. (Ver, neste livro, o artigo "E agora, José?", p. 223.) Em 2011, no entanto, um novo processo foi levado ao plenário para que o Supremo decidisse. Só que nessa votação o Supremo já estava com toda a sua formação, isto é, com 11 ministros, pois em março daquele ano o Ministro Luiz Fux tomara posse, sucedendo o Ministro Eros Grau, que havia se aposentado em julho de 2010.

[2.] Leonídio Bouças é político brasileiro, eleito três vezes deputado estadual pelo PMDB para a Assembleia Legislativa de Minas Gerais.

[3.] Repercussão geral é um critério adotado pelo Supremo, desde 2007, para determinar se analisará ou não o caso. Uma vez reconhecida a repercussão geral, todos os outros processos no Brasil que versarem sobre o tema ficarão suspensos até que o Supremo decida. E, quando o faz, a decisão tomada é aplicada em todos os outros processos que se encontram suspensos.

4. O artigo 37 da Constituição Federal dispõe: "Art. 37. A administração pública direta e indireta de qualquer dos Poderes da União, dos Estados, do Distrito Federal e dos Municípios obedecerá aos princípios de legalidade, impessoalidade, moralidade, publicidade e eficiência e, também, ao seguinte."

5. Foram beneficiados pela decisão do Supremo e puderam assumir seus mandatos os senadores Jader Barbalho (PMDB-PA), Cássio Cunha Lima (PSDB-PBO), João Capiberibe (PSB-AP), Marcelo Miranda (PMDB-TO) e a Deputada Janete Capiberibe (PSB-AP).

DEBATE SOBRE FINANCIAMENTO DE CAMPANHA É MAIS COMPLEXO*

O STF decidiu. Mas não resolveu o problema: qual o sistema de financiamento de campanha que queremos para nossa democracia?

Por que leis que foram aplicadas constitucionalmente por anos de repente se tornam inconstitucionais?[1]

Por dois fatores. Primeiro, o país constatou que nesses anos houve abuso por parte das empresas, tentando capturar parlamentares, governadores e prefeitos, através de doações de campanha. O financiamento muitas vezes se aproximou de uma corrupção enrustida.

Segundo, porque mudar essa situação exigiria a intensificação da fiscalização da Justiça Eleitoral e, sobretudo, que o Congresso fizesse uma nova lei de financiamento de campanha. Porém, os efeitos dessas mudanças incidiriam sobre congressistas que querem ser reeleitos. Até quando esperar que o Congresso decida sobre aumentar o seu próprio risco eleitoral?

Foi pela porta aberta por essa pergunta que o Supremo Tribunal Federal entrou. Judicializa-se a política e tudo se reduz a sim ou não. Uma regulamentação complexa e um sistema de fiscalização eficaz se reduzem a uma artificial simplificação jurídica: constitucional ou inconstitucional. Sim ou não. A democracia é mais complexa.

Quem vai arcar com os custos dessa campanha? Como diz o Ministro Teori Zavascki, a democracia não tem preço, mas tem custos. Por enquanto, as eleições próximas estão entregues ao abuso de poder

---

* Publicado no site do jornal *Folha de S.Paulo* em 3 de abril de 2014.

dos governos do dia e, neste país de cidadãos que desprezam políticos, aos partidarismos de poucos militantes. Por uns tempos, pois logo logo a internet vai mudar tudo.

O STF decidiu. Não pode haver financiamento de campanha pelas empresas. Mas o país não resolveu seu problema: qual o sistema de financiamento de campanha que queremos para nossa democracia? Fala, Congresso!

Nota

[1.] Estava em julgamento a constitucionalidade de dispositivos da Lei nº 9.096 de 1995, que permitiam o financiamento eleitoral por empresas privadas. Após os votos dos Ministros Luiz Fux, Luís Roberto Barroso, Dias Toffoli, Joaquim Barbosa, Ricardo Lewandowski e Marco Aurélio entendendo pela inconstitucionalidade do financiamento por empresas privadas, e do Ministro Teori Zavascki em sentido contrário, o Ministro Gilmar Mendes pediu vista do processo.

8. A PAUTA DO SUPREMO E A AGENDA DO POVO

O SUPREMO E O *SOFTWARE**

Chega aos nossos tribunais batalha que ocorre em tribunais de Europa e Estados Unidos: software *livre contra* software *proprietário.*

O Supremo Tribunal Federal, por unanimidade, acompanhou o Ministro Ayres Britto e sustou os efeitos da lei gaúcha que dava preferência ao uso do *software* livre na administração pública. Alguns temeram que essa decisão revelasse posição contrária ao *software* livre.

O temor não se justifica. A decisão do STF não revela preconceito contra o *software* livre. Aliás, a bem da verdade, só indiretamente dele tratou. A eventual inconstitucionalidade seria porque o Legislativo regulou matéria de competência do Executivo.

Ainda por cima, a preferência por um sistema predeterminado é incompatível com o princípio da imparcialidade e da impessoalidade que rege a administração pública. Se a lei tivesse tratado de bananas ou automóveis, a inconstitucionalidade seria a mesma. A decisão foi contrária ao processo legislativo adotado. Conflito de competências. E não contra o produto, o mérito.

Chega assim, aos nossos tribunais, batalha que ocorre em tribunais de Europa e Estados Unidos: *software* livre contra *software* proprietário. Daquele cujo código fonte é livre, pode ser compartilhado e aperfeiçoado, contra aquele, aprisionado, em que só o proprietário tem acesso ao código fonte. Mudanças não são permitidas; o uso é controlado e oneroso.

---

* Publicado no jornal *Correio Braziliense* em 22 de abril de 2004.

Batalha contra a Microsoft? Algo pessoal, pergunta-se logo. Não. O capitalismo decidiu séculos atrás que monopólio pode fazer bem a curto prazo, mas faz mal a longo prazo. Ninguém desconhece a contribuição fundamental de Gates para o mundo moderno. A batalha é contra o eventual uso monopolístico dessa contribuição civilizatória.

O desafio é complexo porque o *software* proprietário sempre escapou das normas de direito administrativo e apresenta-se erroneamente como uma inevitabilidade tecnológica. Por exemplo: ao licitar compra de computadores, os concorrentes forneciam também Windows e Word embutidos. Formalmente, não cobravam nada por eles, eram juridicamente gratuitos, embora economicamente não pudessem sê-lo. A administração pública adotava quase sem querer o *software* proprietário e o monopólio se consolidava antes da compra, era uma doação disfarçada, longe das normas da administração.

Na verdade, o governo gaúcho, ou qualquer governo, não precisa de nova lei para usar o *software* livre. Nada mais lícito do que optar por *softwares* que se adaptem às necessidades públicas ao longo do tempo. O *software* livre permite isso, mas o proprietário, não. São produtos de características vitais completamente diferentes. Gêneros da mesma espécie. Escolher o gênero que lhe convém é poder discricionário da administração pública. É fator diferenciador suficiente.

O procurador-chefe do Instituto Nacional da Tecnologia da Informação, Marcelo Thompson, vai além. Defende que a eventual preferência pelo *software* livre decorre de mandamento constitucional, de compromisso com o princípio da publicidade dos atos da administração pública. E justifica: qualquer *software* estabelece centenas de procedimentos administrativos embutidos que podem vir a violar direitos. É fundamental, então, que a administração e os cidadãos conheçam detalhes desses procedimentos.

O *software* proprietário, ao não revelar seu código fonte, não permite a transparência necessária. Thompson dá exemplo. O Tribunal Superior Eleitoral foi levado a abrir o código fonte do *software* para que os partidos estivessem seguros de que a urna eletrônica não continha procedimentos que violassem a vontade dos eleitores. Quem obrigou o TSE a abrir o código fonte não foram os partidos, foi o princípio constitucional da publicidade, da transparência dos atos administrativos.

A decisão do Supremo lida com um conflito de princípios: de um lado, o princípio da impessoalidade e da imparcialidade da administração pública; de outro, os princípios da livre concorrência e da publicidade dos atos administrativos. Como defender a livre concorrência sem infringir a imparcialidade é o desafio maior da administração pública.

Resta palavra derradeira. O Congresso americano se reuniu recentemente para investigar se a Microsoft era realmente um monopólio. Os melhores juristas, cientistas e economistas foram convocados. O melhor argumento, porém, não veio deles. Veio do pedido de um depoente na sala de audiências. "Senhores congressistas, permitam-me pedir-lhes um favor. Aqueles que usam Word e Windows levantem a mão!" Todos levantaram. Ele exclamou: "*This is monopoly!*" E mais não disse.

Por favor, leitor: seja você juiz, advogado, legislador ou jornalista, levante a mão se você usou o Microsoft Word esta semana! Isto, sim, é monopólio!

HÁ UM ESPAÇO PARA MUDAR A APLICAÇÃO DA CONSTITUIÇÃO SEM TER DE EMENDAR SEU TEXTO*

Há sempre espaço para o Supremo, sozinho, mudar a Constituição sem precisar do Congresso.

Até ontem se acreditava que a Constituição não concedia à união homoafetiva os mesmos direitos e deveres que concede à união heteroafetiva. Agora não mais.[1] São uniões plenamente iguais.[2]

O julgamento de ontem mudou a Constituição?

Líderes evangélicos contrários à união homoafetiva não foram à sessão do Supremo. Teriam podido ir à tribuna.[3] Omitiram-se. Seria mesmo difícil explicar, pela lógica jurídica, a posição de um de seus principais líderes: ser contra a homossexualidade e a favor dos homossexuais.[4]

Os católicos, ao contrário, compareceram através da Conferência Nacional dos Bispos do Brasil e reafirmaram sua própria interpretação religiosa da Constituição. Para eles, os homossexuais têm direito, sim, à dignidade humana. Mas família, mesmo, pela clareza do texto da Constituição, só na união hétero: homem e mulher.

A união homo não teria, por exemplo, direito à adoção. Se o Brasil quiser dizer que família pode ser homem e homem, e mulher e mulher, é preciso emendar a Constituição. E quem emenda a Constituição não é o Judiciário. É o Congresso.

O argumento dos católicos é jurídico, a estratégia é política e o resultado, religioso.

---

* Publicado no jornal *Folha de S.Paulo* em 6 de maio de 2011.

Se fosse necessária uma emenda à Constituição, seria preciso voto favorável de pelo menos 357 congressistas.[5] Evangélicos, católicos e outros grupos pressionariam os congressistas. Provavelmente não se mudaria a Constituição e a atual concepção de família constitucional continuaria a mesma, donde continuaria valendo a visão católica de família e sociedade.

Essa foi a lição de ontem. Há sempre um espaço para o Supremo mudar a aplicação da Constituição sem o Congresso precisar emendar o seu texto. O Supremo pode até mesmo mudar sua interpretação do mesmo texto. Assim é feito, por exemplo, nos Estados Unidos.

Notas

[1.] O Supremo decidiu, de conformidade com o voto do ministro relator Ayres Britto, em 2011, que há "isonomia entre casais heteroafetivos e pares homoafetivos que somente ganha plenitude de sentido se desembocar no igual direito subjetivo à formação de uma autonomizada família". (ADI nº 4.277 e ADPF nº 132.)

[2.] Sobre esse tema, ver AMARAL, Thiago Bottino. "STF – Equiparação da união estável entre pessoas do mesmo sexo a entidade familiar", *RDA – Revista de Direito Administrativo*, vol. 256, 2011, p. 343-381.

[3.] Essas ações que foram julgadas pelo Supremo admitiram a presença do *amicus curiae*, isto é, de associações ou entidades que, tendo interesse no julgamento e querendo se manifestar, poderiam participar, desde que solicitassem previamente sua participação, como o fez, por exemplo, a Confederação Nacional dos Bispos do Brasil e as associações favoráveis aos direitos dos homoafetivos, como a Arco-Íris, Conectas Direitos Humanos, IBDFAM e ABGLT.

[4.] Edir Macedo publicou em seu site o artigo "Nossos filhos não vão virar gays!", no qual afirma que "devemos aceitar o homossexual, mas nunca, jamais, o homossexualismo". Disponível em: <http://www.bispomacedo.com.br/2011/05/15/nossos-filhos-nao-vao-virar-gays/>. Acesso em 19 out. 2014.

[5.] Para que uma emenda constitucional possa ser aprovada, precisa ter o voto de 3/5 dos deputados e dos senadores. É o que reza o artigo 60, parágrafo 2º da Constituição.

EM 2004, MINISTROS TERIAM DECIDIDO DE FORMA DIFERENTE*

Quem vota são os ministros. Mas quem decide quando votam e o que votam é o Presidente do Supremo.

De 1988 a 2009, o Supremo julgou 3.558 ações de controle de constitucionalidade. A maioria em menos de três anos, mas um bom número demorou 12 anos. A ação sobre a legalidade do aborto de feto anencéfalo, julgada definitivamente ontem, levou sete anos, nove meses e 26 dias.[1] Isso é bom ou é mau? O que a espera significa?

Se a ação fosse julgada em 2004, provavelmente o resultado seria outro.[2] Existia forte corrente que não admitia ao Supremo avaliar as consequências para a dignidade da mulher e a vida do filho. Sob argumentos técnicos, dizia que a decisão não devia ser do Supremo, e sim do Congresso, onde a pressão de católicos e protestantes é grande. Mas passaram-se os anos e ocorreram fatos novos.

O Supremo de hoje é mais decidido a intervir em questões de repercussão social do que o de ontem. A enfrentar a agenda social, mesmo à custa de incomodar o Congresso. O debate na sociedade se intensificou. Houve grande participação de entidades civis e crescente posicionamento da mídia. Isso permitiu ao Supremo olhar, informar-se e refletir para além da discussão tecnicamente doutrinária.

Mudou também o Supremo. Só seis ministros de 2004 ficaram.[3] Mudam-se os tempos. Mudam-se as vontades e as instituições. Podem mudar também os votos.

---

* Publicado no jornal *Folha de S.Paulo* em 13 de abril de 2012.

Em sua gestão, Cezar Peluso demonstrou disposição para enfrentar temas polêmicos, de interesse da sociedade: a "marcha da maconha",[4] a união homoafetiva,[5] a Lei da Ficha Limpa, a competência do Conselho Nacional de Justiça para investigar juízes.[6]

Quem vota são os ministros, porém quem decide quando os ministros votam e o que têm de votar é o Presidente do Supremo.

Como ministro que votou ontem, Cezar Peluso perdeu. Mas como Presidente que atualiza a pauta do Supremo, ganhou. Quais as consequências dessa decisão para o Brasil? O futuro dirá.

Notas

[1.] O Supremo decidiu que o aborto de feto anencéfalo não contraria a Constituição. Votaram nesse sentido o relator, Ministro Marco Aurélio, e os Ministros Rosa Weber, Luiz Fux, Cármen Lúcia, Joaquim Barbosa, Ayres Britto, Gilmar Mendes e Celso de Mello. Votaram contra os Ministros Ricardo Lewandowski e Cezar Peluso. O Ministro Dias Toffolli estava impedido.

[2.] Em janeiro de 2004 a composição do Supremo era: Celso de Mello, Carlos Velloso, Maurício Corrêa, Marco Aurélio, Sepúlveda Pertence, Nelson Jobim, Ellen Gracie, Gilmar Mendes, Cezar Peluso, Ayres Britto e Joaquim Barbosa.

[3.] Celso de Mello, Marco Aurélio, Gilmar Mendes, Cezar Peluso, Ayres Britto e Joaquim Barbosa.

[4.] Em novembro de 2011, ao julgar a ADI nº 274, o Supremo entendeu que a manifestação pública pela descriminalização da maconha era constitucional e poderia ser realizada.

[5.] Ver, neste livro, o artigo "Há um espaço para mudar a aplicação da Constituição sem ter de emendar seu texto", p. 240.

[6.] Essa decisão é analisada, neste livro, nos artigos "Contrário à criação do CNJ, ministro retoma luta contra o órgão" e "Decisão do Supremo reforça necessidade de prosseguir com investigações isentas, p. 272 e 274, respectivamente.

A DIREÇÃO SOBRE COMO AGIR FOI DADA PELOS MINISTROS DO SUPREMO*

Os ministros decidiram que conceder privilégios, por certo tempo, para incluir e ampliar a democracia, é discriminação positiva.

A Constituição proíbe preconceito de raça. Por isso o DEM[1] diz que o sistema de cotas da Universidade de Brasília é inconstitucional. Por que então os ministros decidiram que o privilégio a negros e pardos através de cotas para o ingresso na universidade é constitucional?[2]

O Supremo não se baseou no conceito biológico de raça. Vendo-se a linhagem, de 1500 até hoje, 60% dos brasileiros brancos tiveram mãe índia ou negra.[3] Somos mestiços, conforme sempre defenderam Jorge Amado e sua Gabriela. Como definir raça num país mestiço? Difícil.

Os ministros disseram que é categoria histórico-cultural. Mas o que é isso? Difícil também definir.

Fácil, no entanto, é constatar que milhões de brasileiros descendentes de negros têm menos acesso à educação superior. Não se define o que é raça, porém constata-se a ausência de negros nas universidades. E basta para o Supremo orientar a sociedade sobre como agir.

Agir em que direção? Em direção à ampliação da democracia, o regime onde, cada vez mais, todos são mais iguais. Não bastam direitos iguais. É preciso ainda condições e facilidades iguais para exercer direitos iguais.

Argumenta-se que cidadão sem acesso à educação, saúde ou trabalho não é tão cidadão. Aí os ministros decidiram: dar privilégios,

---

* Publicado no jornal *Folha de S.Paulo* em 27 de abril de 2012.

por certo tempo, para incluir e ampliar a democracia, é discriminação positiva. Portanto, constitucional.

Ficou a fundamental questão: quem vai dizer qual candidato merece o privilégio da cota? Só pode haver uma resposta: o bom senso dos vestibulandos, com a autodeclaração e a capacidade da universidade e da sociedade de controlar abusos. A direção sobre como agir foi unanimemente dada pelo Supremo.

Notas

1. Partido Democratas.
2. Em abril de 2012, por unanimidade, o Supremo julgou constitucional a política de cotas da Universidade de Brasília (ADPF nº 186).
3. Ver FALCÃO, Joaquim e ARAÚJO, Rosa Maria Barbosa de. (orgs.). *O imperador das ideias - Gilberto Freyre em questão*. Rio de Janeiro: Topbooks, 1ª ed., 2001.

É CEDO PARA DIZER SE A DECISÃO DO SUPREMO VAI MUDAR A POLÍTICA DE DROGAS*

A decisão do Supremo reafirmando o direito de responder a processos em liberdade vai beneficiar milhares de jovens acusados de tráfico de drogas.

A legislação brasileira dizia que acusado de tráfico de droga tinha de ficar preso durante todo o processo do julgamento.[1] Que durava anos, às vezes. O Supremo Tribunal Federal julgou-a inconstitucional anteontem. Todos têm direito a responder processos em liberdade, desde que, é claro, isso não represente risco para a sociedade nem para o processo. Afinal, o acusado não deve ser penalizado de antemão, já que pode vir a ser absolvido.

Essa recente decisão dos ministros vai beneficiar milhares de jovens acusados de tráfico de drogas, mas que eram apenas consumidores ou pequenos traficantes. Os anos de cadeia os transformariam em criminosos.

Pesquisas realizadas em São Paulo, Rio de Janeiro e Brasília mostram que 60% dos que estão presos por tráfico são réus primários e sem ligação com o crime organizado.[2] Prendê-los é pior, pois, quando saem, já estão ligados ao crime organizado.

Decisão polêmica. Muitos acreditam que com o tráfico ou com consumidores de droga não se contemporiza. Na dúvida, repressão máxima. Outros constatam, como a Organização das Nações Unidas,[3] que, na famosa guerra às drogas, a repressão máxima fracassou.

---

* Publicado no jornal *Folha de S.Paulo* em 12 de maio de 2012.

O tráfico e o consumo não param de crescer e a repressão, ineficiente, há que mudar.

Muitos de nossos juízes ainda utilizam a repressão máxima. Uma decisão do STF de 2010 permite que o juiz lance mão de penas alternativas para o pequeno traficante. A decisão não prosperou. Pesquisa da Universidade de São Paulo revela que em 95% dos casos os juízes não a aplicam.[4]

A decisão do Supremo refere-se a apenas um caso. O fundamento foi o direito de defesa, e não a revisão da política de drogas. É cedo, pois, para afirmar se o Supremo vai estimular novas políticas administrativas, legislativas ou sociais, como a reeducação, o tratamento e a descriminalização da maconha. Ou se vai prevalecer a interpretação a favor da repressão máxima.

Notas

[1.] No artigo 44 da Lei de Drogas (Lei n.11.343/06) consta, expressamente, que "os crimes previstos nos artigos 33, caput e parágrafo 1º, e 34 a 37 desta Lei são inafiançáveis e insuscetíveis de sursis, graça, indulto, anistia e liberdade provisória, vedada a conversão de suas penas em restritivas de direitos".

[2.] Pesquisa realizada pela Faculdade Nacional de Direito da Universidade Federal do Rio de Janeiro e pela Universidade de Brasília, coordenada pelas professoras Luciana Boiteux e Ela Wiecko Volkmer de Castilho, patrocinada pelo Ministério da Justiça, no projeto Pensando o Direito. A pesquisa foi publicada em 2009. Disponível em <www.vepema.com.br/novosite/wa_files/RELAT_C3_93RIO_20DE_20PESQUISA_20TR_C3_81FICO_20DE_20DROGAS_20E_20CONSTITUI_C3_87_C3_83O.pdf>. Acesso em 6 abr. 2015.

[3.] Através da sua Comissão Global de Política sobre Drogas.

[4.] A pesquisa "Prisão provisória e lei de drogas: um estudo sobre os flagrantes de tráfico de drogas na cidade de São Paulo" foi coordenada pela professora Maria Gorete Marques de Jesus. Disponível em <www.vepema.com.br/novosite/wa_files/RELAT_C3_93RIO_20DE_20PESQUISA_20TR_C3_81FICO_20DE_20DROGAS_20E_20CONSTITUI_C3_87_C3_83O.pdf>. Acesso em 6 abr. 2015.

ESCUTA AJUDA A INVESTIGAÇÃO, MAS ESBARRA NO DIREITO À PRIVACIDADE*

Toda decisão judicial esconde e revela um grande debate nacional. Até onde a invasão de nossos telefones e e-mails pela autoridade pública se justifica?

Toda decisão judicial esconde e revela um grande debate nacional. Um Desembargador decidiu que as escutas nos telefones do caso Cachoeira são ilegais.[1] Como não se condena com provas ilegais, o processo vai acabar. É como se tudo o que sabemos sobre Carlinhos Cachoeira nunca tivesse existido.[2] Ou melhor, existiu no mundo real, porém não no legal. É assim que a Justiça funciona?

De um lado, o dever da polícia, do Ministério Público e dos juízes de combater crimes. De outro, a defesa da privacidade não apenas de Cachoeira, mas de todos os cidadãos. Até onde a invasão de nossos telefones e e-mails pela autoridade pública se justifica? Qual o limite? Pode-se escutar com base em denúncia anônima, notícia ou sem indícios suficientes de crime? O que é uma escuta ilegal?

Uma vez um traficante foi preso com cocaína com base em escuta que o Supremo Tribunal Federal considerou ilegal. Mandou soltar. O processo foi anulado. Aí um ministro perguntou: devolvemos a cocaína ao traficante? Afinal, ele é o dono e o processo nunca existiu. A Corte teve de amortecer sua posição.

Para interferir na privacidade, a decisão de escutar não pode ser tomada por uma só autoridade. A polícia, o Ministério Público e o

---

* Publicado no jornal *Folha de S.Paulo* em 14 de junho de 2012.

juiz acharam que a denúncia tinha indícios suficientes para autorizar a escuta. O Desembargador acha agora que não.

Indício, diz o dicionário, é sinal aparente de algo que existe. O juiz acreditou que havia desde o início aparência de ilícito. Seu cálculo de probabilidade parece se confirmar. O Desembargador, no entanto, crê que os indícios só se confirmaram após a escuta.

Vivemos hoje a era dos poderes desiguais. Ninguém é super-homem sozinho para enfrentar poderosos. Há que distinguir o anonimato difamatório – aquele a ser repudiado – do anonimato contra poderosos e que busca defender a moral pública.

Notícias de jornais têm sido mais fonte de defesa da moralidade pública do que de difamações irresponsáveis. Não podem ser ignoradas. Se houver provas além da escuta e se o anonimato for de interesse público, dificilmente o processo será anulado. Os tribunais superiores julgarão com base no conjunto de probabilidades de ilícitos.

Mas a questão fica no ar: os brasileiros estão dispostos a abrir mão de parte de sua privacidade para uma maior eficiência no combate à corrupção e ao crime?

Notas

[1.] Em junho de 2012, o Desembargador federal Tourinho Neto decidiu que eram ilegais as escutas realizadas pela Polícia Federal, na Operação Monte Carlo, ao suposto contraventor Carlinhos Cachoeira, durante as investigações da máfia dos caça-níqueis.

[2.] Carlinhos Cachoeira é acusado pelo Ministério Público de explorar jogos realizados com máquinas caça-níqueis e também da prática de crimes de corrupção e lavagem de dinheiro. Ficou preso de fevereiro a dezembro de 2012. Atualmente, responde ao processo em liberdade.

O SUPREMO E A LIBERDADE ACADÊMICA*

Além de ferir a liberdade de expressão e comunicação, as decisões de alguns juízes atentam contra o direito fundamental de pesquisar e ensinar.

Alguns juízes estão proibindo a publicação ou retirando de circulação biografias recentes, a pedido de herdeiros ou do próprio interessado.

Exemplos são as filhas de Garrincha tentando proibir a biografia de autoria de Ruy Castro; Roberto Carlos, a sua feita por Paulo Cesar de Araújo; e a sistemática oposição de Wilma Guimarães Rosa a qualquer outra biografia de seu pai, Guimarães Rosa, que não seja a que ela própria escreveu.

O fundamento desses juízes é o artigo 20 do Código Civil, que diz: "Salvo se autorizadas (...) a publicação, a exposição ou a utilização da imagem de uma pessoa poderão ser proibidas (...) se lhe atingirem a honra, a boa fama ou a respeitabilidade, ou se se destinarem a fins comerciais." Diz ainda que, "em se tratando de morto ou de ausente, são partes legítimas para requerer essa proteção o cônjuge, os ascendentes ou os descendentes".

Contra essas decisões, a Associação Nacional dos Editores de Livros entrou com ação no Supremo Tribunal Federal, argumentando que esses artigos não podem ser interpretados de maneira a ferir a liberdade de expressão e o direito à informação. Pede-se que o Supremo aja.

---

* Publicado no jornal *Correio Braziliense* em 13 de setembro de 2012.

Além de ferir a liberdade de expressão e comunicação, as decisões dos juízes atentam contra outros direitos fundamentais, sem os quais progresso e civilização inexistem: direito de pesquisar e direito de ensinar. O artigo 206 da Constituição diz textualmente: "O ensino será ministrado com base nos seguintes princípios: pluralismo de ideias, liberdade de aprender, ensinar, pesquisar e divulgar o pensamento, a arte e saber."

Biografias históricas ou mesmo de pessoas vivas são essenciais para o progresso de qualquer ramo do saber – para se entender o próprio desenvolvimento do pensamento, inclusive científico. Sem as biografias de Jung e Freud e suas tempestuosas competições sexuais ou sexualidades com Sabina Spielrein, menos entenderíamos os conflitantes caminhos da psicanálise. Sem termos conhecido as relações maritais ocultas de Thomas Jefferson com uma escrava negra, menos entenderíamos o fato de a Constituição americana não ter inicialmente considerado o negro escravo como cidadão igual.

Todo o Nelson Rodrigues que hoje se comemora como patrimônio literário do Brasil seria menor se biógrafos não tivessem trazido à tona seus traumas psicológicos.

Ensino sem ampla liberdade acadêmica não é ensino. É doutrinação. É violação do espírito. Sem a liberdade de pesquisar, ensinar e publicar, reduz-se o ensino de nossa história política, econômica ou mesmo científica. Reduz-se o Brasil a seus oficialismos, sejam governamentais ou, como agora, familiares.

Já que a lei não estabelece se esse direito pertence apenas à primeira ou à segunda geração de herdeiros, centenas de membros da família real brasileira, por exemplo, poderiam até hoje proibir relatos de D. Pedro I e a Marquesa de Santos, ou de D. Pedro II e a Condessa de Barral. Seriam coproprietários da história do Brasil.

Da mesma maneira, inexiste pesquisar sem o direito de escolher hipóteses, publicá-las, discuti-las, errar, acertar, confirmá-las ou refutá-las. Assim como não se pode pedir a um físico que acerte todos os seus experimentos, não se pode pedir a um biógrafo que compatibilize todo o seu trabalho aos interesses familiares.

Para o desenvolvimento de qualquer saber, hipóteses não comprovadas são tão importantes quanto hipóteses comprovadas. Acertar, sabemos todos, inclui o indispensável direito de errar.

Ensino e pesquisa não se materializam, não ganham vida, não cumprem sua função civilizatória sem a divulgação, a publicação, por qualquer dos meios, do pensamento. A liberdade acadêmica inclui a liberdade de criar, pesquisar, ensinar e, inevitavelmente, divulgar e publicar.

Essas liberdades não podem ficar sob a espada de Dâmocles dos eventuais interesses financeiros ou mesmo culturais, psicológicos ou ideológicos de herdeiros, por mais legítimos que algumas vezes possam ser. Nos casos em que houver má-fé ou dolo dos biógrafos e das editoras, a Justiça saberá discutir e impor as responsabilidades – mas depois; não pode pela Constituição proibir antes.

Se assim o fizer, como está fazendo, corre-se o risco de recriar capitanias hereditárias. Não de nosso território, mas de nossa história e de nosso pensamento. Capitanias hereditárias de nós mesmos. Somente alguns nos herdam.

SUPREMO, SERVIDORES PÚBLICOS E MAGISTRADOS*

Um servidor público tem 23 vezes mais chances de chegar ao Supremo do que um trabalhador de carteira assinada. Existe via expressa entre servidores e Supremo. Por quê?

Os servidores públicos pedem no Supremo indenização por perdas inflacionárias nos salários.[1] A votação iniciou. 4 a 3 contra. Dias Toffoli pediu vista no dia 2 deste mês. Pelo regimento deverá devolver até amanhã.

Este é o terceiro pedido de vista. O primeiro, da Ministra Cármen Lúcia, durou aproximadamente um ano. O segundo, do Ministro Teori Zavascki, aproximadamente seis meses. Nada espanta.

Nosso Supremo é provavelmente aquele que mais resolve casos de servidores públicos no mundo. Em 2012, foi esse o tema que levou mais casos para a Corte. Mais do que os envolvendo direitos trabalhistas. Embora o número de trabalhadores com carteira assinada e o de servidores públicos seja parecido, um servidor público tem 23 vezes mais chances de chegar ao Supremo do que um trabalhador de carteira assinada.

Existe via expressa entre servidores e Supremo. Por quê?

Primeiro. A burocracia estatal conseguiu constitucionalizar seus direitos. Foi bem sucedido lobby na constituinte. Reflete a moldura institucional de nossa nação. O estamento burocrático, mais do que a sociedade, no controle do poder do estado.

Nossa Constituição menciona a palavra trabalhador 24 vezes.

---

* Publicado no site *Jota* em 9 de setembro de 2014.

O termo servidor público, mais do que o dobro, 56 vezes.

Na Constituição Alemã, *public servant* aparece apenas treze vezes. Na portuguesa, oito. Na espanhola, três. Na Argentina, um. E por aí vamos.

Segundo. Em época eleitoral, com o Executivo de certa maneira fragilizado, os interesses coorporativos da múltipla burocracia do estado, magistratura inclusive, avançam.

O Ministro Joaquim Barbosa mandou ao Senado apoio a favor da Proposta de Emenda à Constituição 63, com um aumento aproximado de 35% do salário atual dos juízes. O tribunal de Justiça do Rio de Janeiro, propõe um bolsa ensino para a escola dos filhos de magistrados.[2] O CNJ aprova uma, no mínimo polêmica, resolução concedendo auxílio moradia aos juízes.[3] O Conselho Nacional do Ministério Público já aprovou resolução concedendo o mesmo auxílio moradia para os mais de doze mil de seus integrantes.

E la nave va.

Enquanto o Supremo não decide, alguns destes aumentos vão sendo pagos.

O Advogado-Geral da União, Luís Inácio Adams[4] se desdobra para proteger o Orçamento da União, responsabilidade sua, e contesta os aumentos.

Se o acesso ao Supremo é inevitável, a decisão deveria ser rápida.

A demora cria grande incerteza para dois instrumentos indispensáveis ao estado democrático de direito: o equilíbrio orçamentário da união e dos estados e a legitimidade do próprio Supremo.

Notas

[1.] No Recurso Extraordinário 565089.
[2.] Sancionado como lei estadual 7.014, de 2015.
[3.] Resolução 199, de 2014.
[4.] Advogado-Geral da União desde 2009.

O SUPREMO E A COMISSÃO NACIONAL DA VERDADE*

A Constituição atual não depende mais de reinterpretação do passado. Ela já detém normas suficientes para dizer ao Brasil que para torturadores não há mais perdão, nem futuro.

Mas afinal, o Brasil precisava ter tido uma Comissão da Verdade?[1] Essa pergunta será respondida na próxima semana. Com a entrega do relatório final à Presidente Dilma.

O Brasil cumpre com atraso etapa de si mesmo, na averiguação que os demais países, em geral, se fazem logo. De cerca de quarenta comissões no mundo, quase todas foram criadas em até um ano depois de derrubados os regimes políticos violadores dos direitos humanos.

No relatório, a Comissão entendeu não ser de sua competência avaliar se a Lei de Anistia deve ser revogada ou não. Não é um Tribunal. Nem emite opiniões. Segundo Pedro Dallari, seu coordenador, o relatório é "paupérrimo em opiniões". Fez-se bem.

A competência é do Congresso. O Congresso que derrubou os militares e elegeu Tancredo Neves, considerou a lei constitucional. E o Supremo, por larga maioria, 7 a 2 na APF 153,[2] também.

Assunto encerrado? Muito provavelmente, sim. E um pouco, talvez.

O relatório sugere que autoridades competentes tomem providências cabíveis nos casos de graves violações ainda impunes. O que pode estimular alguns casos novos no Supremo.

---

*   Publicado no site *Jota* em 4 de dezembro de 2014.

Se isto ocorrer, estima-se que os eventuais responsáveis pelos crimes de tortura e assassinato, ainda passíveis de algum tipo de responsabilização, se vierem a ser condenados, terão mais de cem anos de idade.

No Supremo, encontrará a matéria preventa. Nas mãos de Luiz Fux, por causa da ADPF 320,[3] ajuizada pelo PSOL, cujo objetivo é que a Lei da Anistia não se aplique aos crimes de graves violações de direitos humanos cometidos por agentes públicos. Os novos ministros, no entanto, dificilmente vão mudar a jurisprudência. Têm emitido sinais neste sentido.

Importante para as famílias, esta reinterpretação da Lei de Anistia se justificaria como permanente sinal de alerta.

Mesmo ganhando alguma visibilidade pública através do Supremo, dificilmente encontrarão a repercussão na mídia que hoje a Comissão teve. Surpreendendo, inclusive, positivamente vários membros da Comissão.

A Constituição atual não depende mais de reinterpretação do passado. Ela já detém normas suficientes para dizer ao Brasil que para torturadores não há mais perdão, nem futuro.

A Comissão da Verdade entrou na pauta de nossa política para, com seu bom trabalho, dela sair. Levando consigo um passado que nem por isto deixa de existir. Cumpriu seu destino.

Nota

[1.] Comissão criada em 2011 para investigar crimes ocorridos durante a ditadura militar no Brasil.

[2.] Ação Declaratória de Preceito Fundamental que considerou constitucional a Lei 6683, de 1979 (Lei da Anistia).

[3.] Ação de Descumprimento de Preceito Fundamental ajuizada em 2014.

O JULGAMENTO DO PETROLÃO SERÁ TELEVISIONADO?*

A publicidade é o dever constitucional a ser seguido pela administração pública. O Supremo faz parte da administração pública.

Nesta segunda-feira, 2 de fevereiro, o Supremo Tribunal Federal inicia os trabalhos do ano de 2015, que será marcado pelo julgamento dos políticos do escândalo do Petrolão.[1] Não só os políticos estarão em julgamento. O próprio Supremo, diante do Congresso, da opinião pública, do Brasil e dele próprio, estará também.

Será o Supremo, na presidência do Ministro Ricardo Lewandowski, capaz de expressar o desejo dos brasileiros por uma vida política mais ética? Será ele capaz de evitar que a insatisfação com a política e com os políticos acabe nas ruas? Sua tarefa é maior do que a de julgar réus. É mostrar que instituições democráticas funcionam.

Mas será que os julgamentos vão ser televisionados? O Brasil poderá ver os argumentos, o processo, entender melhor o que está se passando? Ver como a Justiça é feita? Ou será um julgamento às escuras, longe dos olhos da sociedade?

A pergunta se justifica porque no ano passado, em nome da celeridade, o Supremo mudou regra interna. Ações penais contra deputados e senadores são analisadas não mais no plenário por onze ministros, mas nas turmas, com cinco ministros, em outro auditório. E lá, em geral, não se televisiona o que acontece. E, então, como ficamos?

Alguns ministros querem um Supremo fechado. Sem transmissão.

---

* Publicado na *Folha de S.Paulo* em 2 de fevereiro de 2015.

Não existe norma que obrigue o Supremo a televisionar. Essa é decisão de ordem administrativa interna. Convém ou não? É oportuna ou não? Foi com essa liberdade discricionária que o Ministro Marco Aurélio Mello acreditou oportuno e conveniente criar a TV Justiça e televisionar as sessões do plenário.

Isso foi ousado em 2002, quando televisionar implicava tecnologia pesada que poucos tinham e custos altos. Hoje, não. É rotina. Qualquer um pode televisionar o que quer via internet a custo quase zero.

Pela Constituição Federal, essa sessão é pública. Ou seja, os cidadãos têm o direito de conhecer como a sessão ocorre.

A questão fundamental, então, é esta: pode o STF proibir que uma rede de TV venha a cobrir a sessão? Pode negar licença para que a mídia exerça um direito que lhe é assegurado pela liberdade de imprensa? Ou proibir que um cidadão a grave em seu celular e a transmita via *streaming*? Pode mandar sair da sala quem está exercendo sua liberdade de expressão? Vai apreender celulares? Dos advogados também?

Acredito que não. Será grave violação às liberdade e aos direitos fundamentais. Independentemente da opinião pessoal ou do interesse político de um ou outro ministro, o Supremo, como instituição, tem que respeitar liberdades. Que não queira transmitir, tudo bem. Que proíba que se transmita, tudo mal.

Ao televisionar as sessões do plenário, o Supremo felizmente já se posicionou. Hoje lidera a nível mundial uma Justiça de transparência. Televisionar não ofende direitos de réus nem perturba os ministros. Essa é a jurisprudência real evidenciada toda quarta e quinta-feira, quando a TV Justiça transmite as sessões. Vamos regredir?

O direito do público e dos meios de comunicação vai variar de acordo com a disposição arquitetônica do Supremo? Aqui pode, ali não?

A publicidade é o dever constitucional a ser seguido pela administração pública. O Supremo faz parte da administração pública.

Entre dois caminhos iguais possíveis, tem que seguir por aquele em favor de mais publicidade.

Mostrar como o tribunal funciona, sobretudo em relação a casos de grande impacto nacional – como os de corrupção –, é hoje a principal fonte de legitimidade do Supremo e dos ministros. Essa fonte vai secar?

Nota

[1.] Ação Penal de grandes proporções iniciada no estado do Paraná, envolvendo empreiteiras e políticos brasileiros, que investiga esquema de lavagem de dinheiro envolvendo a Petrobras.

A LAVA-JATO E O PÊNDULO JURÍDICO*

Um dos estímulos à participação da sociedade e a um ativismo da mídia é a incapacidade do sistema judicial de encontrar o ponto ótimo de pêndulo jurídico no correr de suas decisões.

Sistemas dinâmicos nos quais comportamentos coletivos se façam presentes estão em geral sujeitos a oscilações exageradas. Vai-se muito para um lado e, depois, em demasia para o outro lado, como em um pêndulo oscilando mais do que seria adequado.

Tome-se um país onde tenha havido intervenção militar no seu sistema de condução jurídico-política. Como de 1964 a 1985.

É típico sob tais circunstâncias que a sociedade passe a se preocupar mais com excessos relacionados a não observância de direitos humanos e à prisão de inocentes do que com o possível exagero na não punição de culpados. Isto é, daqueles que eventualmente praticaram atos de violência, censura e repressão ilegalmente. Nesse caso o pêndulo estaria, digamos, numa posição à direita do ponto de equilíbrio, o que se traduz aqui pelos excessos na punição a inocentes.

Suponhamos agora que este mesmo país redemocratize seu sistema jurídico-político. Como fizemos com a Constituição de 1988, que optou pelo estado democrático de direito.

Para defender-se dos exageros do sistema anterior, salvaguardas de defesa podem ser concebidas além do ponto de ótimo. Estabelece-se a então grande chance de que o problema se inverta: a lentidão da

---

* Publicado em coautoria com Rubens Penha Cysne no jornal *Correio Braziliense* em 20 de março de 2015.

Justiça, as tecnicalidades irrelevantes para um suficiente devido processo legal, ou mesmo a existência de um filtro judicial que cria distorções, voluntárias ou não, pouco importa, em desfavor dos mais pobres.

A sociedade passa a preocupar-se mais com os culpados não punidos do que com os inocentes injustamente punidos.

O pêndulo move-se agora para o lado esquerdo do que seria seu ponto de ótimo.

Estatísticos diriam que há um desequilíbrio traduzido por exageros na troca de erros do tipo I (punição de inocentes) por erros do tipo II (não punição de culpados). Na prática, por exemplo, a solução de processos jurídicos passa a requerer inúmeras e repetitivas esferas de julgamento. A lerdeza processual geradora da não decisão no tempo razoável, como manda a própria Constituição, tem como resultado a não punição de culpados e passa a incomodar fortemente a sociedade.

De certa forma esse tipo de raciocínio pode ajudar a entender melhor o que ocorre no Brasil neste momento de maior amplitude democrática. No período 1964-1985, a preocupação maior da sociedade era relativa à punição de inocentes e à proteção aos direitos humanos. O pêndulo situava-se à direita.

Com a redemocratização, o pêndulo parece ter-se movido para a esquerda do seu ponto de equilíbrio. Observa-se no comportamento das ruas e da mídia, das mídias sociais, sobretudo, seja nas conversas, notícias ou discursos, uma luta contra o que se convencionou chamar de "impunidade".

O que mais tende a preocupar a sociedade passou a ser a não punição de culpados, em particular nos delitos relativos a transações comerciais e financeiras, sobretudo quando envolvem decisões discricionárias da burocracia, como licitações, financiamentos subsidiados, omissões de fiscalizações adequadas, desonerações fiscais *ad hoc* e tanto mais.

Nestes casos, a percepção mais usual aponta a existência de um excesso de subterfúgios e de sua contrapartida, intencionais omissões processuais que retardam e dificultam a aplicação da Justiça. A partir de certo ponto, a sociedade tende a tomar para si a solução do problema usando os elementos dos quais dispõe, a mídia e as redes sociais.

É o que temos assistido. O início de uma mais ativa participação da população, fora da área demarcada da oscilação institucionalizada do pêndulo jurídico. No fundo um dos estímulos à participação da sociedade e a um ativismo da mídia, inerentes aliás a qualquer democracia, é a incapacidade do sistema judicial de encontrar o ponto ótimo de pêndulo jurídico no correr de suas decisões.

O problema é que a partir daí podem-se abrir graves lacunas com relação ao problema contrário: o da possível punição de inocentes. Um risco que também estamos correndo agora.

Em suma, estabelece-se o risco de nem os culpados serem punidos da forma como estabelece a lei, nem os inocentes serem preservados, como é seu direito perante a lei.

A solução do problema está na reformulação jurídica. Esta deve traduzir os novos anseios da população. O sistema jurídico precisa se adequar aos novos tempos, nos quais o pêndulo social traduz maiores demandas por punição de culpados (particularmente no caso dos delitos anteriormente tipificados), e não por salvaguardas exageradas. Mesmo que legalizadas ou doutrinárias.

É preciso reduzir os subterfúgios processuais de defesa ao nível desejado pela população. Claro que com o devido cuidado, para que o pêndulo não oscile uma vez mais de forma exagerada.

9. SUPREMO *VERSUS* CONSELHO NACIONAL DE JUSTIÇA

A META E O SITE*

O Supremo tem poderes jurisdicionais sobre os 91 tribunais brasileiros. Porém, não os representa. Nem os planeja. Nem os fiscaliza orçamentária e administrativamente.

O Ministro Marco Aurélio, em sessão administrativa do Supremo, teria criticado o fato de constar no site do Conselho Nacional de Justiça informações sobre o Supremo. É que o Conselho estabeleceu metas para que os tribunais agilizem processos há anos parados.[1] Ao informar sobre tais metas, o site incluiu o Supremo, o que seria um indicador de que este estaria prestando contas ao CNJ.

Essas críticas devem ser levadas a sério e discutidas e três aspectos são importantes para uma avaliação objetiva.

O primeiro é histórico. Antes de o CNJ ser criado inexistia uma instituição ou um chefe do Poder Judiciário que representasse o conjunto dos tribunais nas negociações de decisões administrativas que, constitucionalmente, envolviam os três Poderes. A permanente discussão entre o Poder Judiciário e os demais Poderes sobre o teto salarial do funcionalismo público é apenas um dos exemplos.

O Supremo tem poderes jurisdicionais sobre os 91 tribunais brasileiros. Porém não os representa. Nem os planeja. Nem os fiscaliza orçamentária e administrativamente. Quem tem esse poder é o CNJ.

Pela Constituição, o Supremo é a autoridade máxima da jurisdição. O Supremo pode, se provocado, julgar se esta ou aquela política

---

* Publicado no "Blog do Noblat" em 15 de setembro de 2009.

do CNJ contra a lentidão é constitucional ou não. E aí o CNJ obedece, e ponto final.

Mas não é de sua competência definir, implementar nem fiscalizar políticas de eficiência, transparência e moralidade nos demais tribunais. O Supremo não tem competência administrativa gerencial. Tanto que, embora sempre tenha proibido o nepotismo dentro de si, nunca impôs administrativamente essa regra aos demais tribunais. Isso só foi realizado quando o CNJ foi criado.[2]

A fórmula de o Presidente do CNJ ser um Ministro do Supremo foi a maneira de um representante deste, mas não o próprio Supremo, estar presente na autoridade máxima da administração e fiscalização do Poder Judiciário que o Congresso estava criando. Fórmula que os congressistas criaram para prestigiar o Supremo, que, por vontade própria, tem designado seu Presidente para presidir o Conselho.[3]

Assim, a conjunção de duas presidências – do CNJ e do Supremo – em um só Presidente o transforma no coordenador máximo do Poder Judiciário, no sintonizador entre competências distintas. Às vezes essa conjugação pode gerar confusão, como no caso. O CNJ nunca estabeleceu metas para o Supremo. Não pode. Não tem competência para isso. Se alguém as estabeleceu, foi o próprio Supremo.

O Ministro Gilmar Mendes apenas sintonizou decisões convergentes. Teve dupla cautela. De um lado, obtendo autorização do Supremo em sessão administrativa. De outro, apresentou e aprovou previamente, com todos os tribunais, em documento formal, as dez metas. Somente após o CNJ as regulamentou.

O segundo aspecto é que o combate à lentidão não é opção do CNJ. É seu dever constitucional, em nome da maior eficiência da administração da Justiça. Não é algo descartável. É a sociedade que quer. É a Constituição que manda.

Uma Justiça ágil é direito da cidadania e interesse do Poder Judiciário. Um Judiciário que não decide, ou que não decide a tempo, é um Poder sem poder.

Estabelecer metas não é inconstitucional. Aliás, anos atrás, com a consultoria da Universidade de Brasília, o Supremo instituiu para si mesmo a meta de reduzir o prazo de suas decisões individuais de mais de 220 dias para menos de 170. Cumpriu-as. Agilizou-se a si e à Justiça brasileira.

Inexiste qualquer ação pleiteando a inconstitucionalidade das metas, única maneira de o Supremo se pronunciar. Na democracia o Supremo reage, não age. O Supremo julga, não prejulga. Nada, no momento, exige que ministros individualmente se pronunciem a favor ou contra a política de metas para os tribunais.

O terceiro aspecto a considerar é que quem criou o CNJ foi o Congresso Nacional. Quem o julgou constitucional foi o próprio Supremo, quando provocado, em voto do Ministro Cezar Peluso.[4] A partir de então, o gostar ou não do CNJ, opiniões e entendimentos pessoais, devem ser deixados de lado. Deve-se, sim, seguir os mandamentos e as determinações da Constituição. Obedecer, colaborar, e não contestar.

Quem tem o dever de fazer cumprir a Constituição não pode ser contra o que ela determina nem contra as instituições que ela cria.

Quanto ao fato de no site do CNJ constarem informações sobre o Supremo, não se trata, evidentemente, de ilegalidade, exacerbação de competência nem desrespeito. É justo o contrário. Trata-se de divulgar o compromisso do Supremo para com a agilidade e a transparência. Na era da liberdade da internet, informações e dados circulam sem que se possa manter o controle.

Se as informações não estivessem no site do CNJ estariam em quaisquer outros sites, junto com as informações dos outros tribunais, o que é bom para a democracia.

Notas

[1.] Em março de 2009, o CNJ publicou a Resolução nº 70, que trazia em seu Anexo II Metas Nacionais de Nivelamento para todo o Poder Judiciário, com exceção do Supremo, para o ano de

2009. Entre as dez metas definidas, a que ficou mais conhecida foi a "Meta 2", que determinava a todos os tribunais "Identificar e julgar todos os processos judiciais distribuídos (em 1º, 2º grau ou tribunais superiores) até 31/12/2005". Essas metas estão disponíveis em <http://www.cnj.jus.br/images/stories/docs_cnj/resolucao/rescnj_70_ii.pdf>. Acesso em 19 out. 2014.

[2.] O CNJ foi criado pela Emenda Constitucional nº 45, publicada em 31 de dezembro de 2004. Começou a funcionar somente em junho de 2005, sob a presidência do Ministro Nelson Jobim.

[3.] Desde novembro de 2009, a Emenda Constitucional nº 61 estabelece que o CNJ será composto pelo Presidente do Supremo Tribunal Federal e não mais por "um Ministro do Supremo Tribunal Federal, indicado pelo respectivo tribunal" como era antes, na época em que o artigo foi escrito.

[4.] Na ação (ADI nº 3.367) proposta pela Associação dos Magistrados Brasileiros, que pedia que a criação do CNJ fosse julgada inconstitucional.

CNJ: O CURTO E O LONGO PRAZOS*

A tradição no Supremo e no CNJ é que o Presidente que sai, em nome da democrática alternância no poder, aceita, respeita e apoia o novo Presidente que entra.

O Ministro Gilmar Mendes, por e-mail, reclamou de considerações sobre gastos de diárias de juízes auxiliares que o novo Presidente do Conselho Nacional de Justiça, Cezar Peluso, fez sobre o Projeto de Mutirão Carcerário.[1] Espíritos mais apressados sugeriram logo atritos entre Mendes e Peluoso, e crise. Estamos longe.

As discordâncias que podem existir, e elas existirão, não são entre os atuais órgãos responsáveis pela condução do CNJ, ou seja, o Presidente Peluso, o Vice-Presidente Ayres Britto, o corregedor Gilson Dipp,[2] ou o plenário que detém, na maioria dos casos, a palavra final. Nada que paralise a instituição, que mais do que nunca tem bem tomado suas decisões.

São discordâncias de curto prazo, fruto de mudanças e reorientações entre a gestão que saiu, a do Ministro Mendes, e a gestão que entrou, a do Ministro Peluso. Cada novo Presidente muda pessoal, estilo, ritmo e políticas. Muda personalidades. Traz a própria equipe. Gilmar Mendes inclusive muito mudou em sua própria equipe. Só fixou, por exemplo, o seu Secretário-Geral na terceira tentativa.

A tradição no Supremo e no CNJ é que o Presidente que sai, em nome da democrática alternância no poder, aceita, respeita e apoia o novo Presidente.

---

* Publicado no "Blog do Noblat" em 8 de junho de 2010.

Não é da tradição dos tribunais brasileiros o Presidente de ontem virar o líder da oposição judicial de amanhã. Mudar o futuro não significa necessariamente criticar, atritar ou desrespeitar o passado. As mudanças no CNJ têm sido sempre acumulativas. Nesse episódio, Peluso adotou também uma estratégia acumulativa: "A ideia de divulgar todas as despesas do CNJ não é apenas boa, mas uma necessidade do ideal de transparência. É o que faremos doravante."

Nelson Jobim,[3] como Presidente do CNJ, por exemplo, enfatizou acabar com o nepotismo e controlar salários. Ellen Gracie[4] estimulou autos virtuais e conciliação. Gilmar Mendes[5] entendeu dar novas prioridades: mutirões carcerários e metas programáticas. Ayres Britto,[6] o sucessor de Peluso,[7] terá outras ênfases, com certeza. Nenhum desfez o programa do outro.

Todas as mudanças nas múltiplas políticas do CNJ só fizeram aprofundar e ampliar seu poder constitucional de fiscalizar e planejar a administração da Justiça no Brasil. O CNJ é instituição em construção. Só tem cinco anos. País algum constrói instituição em tão pouco tempo.

Existe, sim, no entanto, importante mudança entre ontem e hoje que o Ministro Peluso parece determinado a implantar. Neste fim de semana em Porto Velho, no 6º Congresso Brasileiro dos Assessores de Comunicação da Justiça (Conbrascom), Peluso reafirma que mais conectividade, mais informação, é um dos caminhos de acesso cada vez maior da população à Justiça. O que não implica, porém, a necessidade de o Presidente do Supremo e do CNJ estar na mídia o tempo todo.

Aliás, esse é um tema que o CNJ mais cedo ou mais tarde terá de enfrentar. O silêncio do juiz, inclusive Ministro do Supremo, é um indicador de sua imparcialidade. Essa imparcialidade é garantia fundamental do cidadão e da democracia. Mas qual o limite desse silêncio? E de sua exposição na mídia?

Comentários não dirigidos à opinião pública nem aos magistrados sobre um ou outro aspecto da administração passada, e que não implicam nem sugerem acusações de desperdício nem fraude, são absolutamente naturais. Não se deve dar gravidade a irrelevâncias.

Mesmo porque, como diz Camões:

> Mudam-se os tempos, mudam-se as vontades,
> Muda-se o ser, muda-se a confiança;
> Todo o mundo é composto de mudança,
> Tomando sempre novas qualidades.

Notas

[1.] O Projeto Mutirão Carcerário implementado pelo CNJ juntamente com o Conselho Nacional do Ministério Público desde 2009 busca diagnosticar a efetividade da Justiça criminal, rever as prisões, quando possível, e fazer a reinserção do egresso do sistema penitenciário. Mais informações sobre esse programa estão disponíveis em ‹www.cnj.jus.br/sistema-carcerario-e-execucao-penal/pj-mutirao-carcerario›. Acesso em 29 abr. 2015.

[2.] Gilson Dipp foi nomeado Ministro do Superior Tribunal de Justiça em junho de 1998. Exerceu o cargo de corregedor nacional de Justiça no CNJ de 2008 a 2010.

[3.] O Ministro Nelson Jobim foi Presidente do CNJ de 2005 a 2006.

[4.] A Ministra Ellen Gracie foi Presidente do CNJ de 2006 a 2008.

[5.] O Ministro Gilmar Mendes foi Presidente do CNJ de 2008 a 2010.

[6.] O Ministro Carlos Ayres Britto foi Presidente do CNJ em 2012.

[7.] O Ministro Cezar Peluso foi Presidente do CNJ de 2010 a 2012.

CONTRÁRIO À CRIAÇÃO DO CNJ, MINISTRO RETOMA LUTA CONTRA O ÓRGÃO*

O Supremo nunca decidiu em definitivo nenhuma das 32 ações contra a atuação do Conselho. Dessas, 20 foram propostas por associações de magistrados que abusaram de estratégia de guerrilha processual permanente contra o CNJ.

A liminar do Ministro Marco Aurélio Mello é uma multiliminar.[1] Manda que as sessões do Conselho Nacional de Justiça que julgam juízes sejam públicas. Hoje, não são. Diz que o CNJ tem competência apenas subsidiária. Hoje, tem mais. Tem competência originária também. Os tribunais não têm mais prazo para julgar seus magistrados. Tinham o prazo máximo de 140 dias. Agora, não mais. E por aí vai.

A multiliminar é quase um tsunami judiciário. Além de argumentos jurídicos, cinco fatores ajudam a explicá-la.

Primeiro, quando, em 2005, o voto de Cezar Peluso viabilizou o CNJ, declarando sua constitucionalidade, ele foi acompanhado por quase todos os ministros. O único contra foi Marco Aurélio.

Seis anos depois, o ministro volta à luta na mesma direção. Como não pode desconstitucionalizar e acabar com o CNJ, oferece agora ao país um pessoal e limitador entendimento sobre o Conselho.

Segundo, no dia em que o processo estava naturalmente em pauta, o ministro preferiu não votar. Afirmou que, diante da reação social e política a favor do CNJ, não havia clima para tanto. Agora, concede a liminar no último dia do ano judiciário.

---

* Publicado no jornal *Folha de S.Paulo* em 20 de dezembro de 2011.

A consequência é clara. O Supremo não tem mais tempo para reavaliar sua decisão monocrática. Enquanto o país espera, a liminar prevalece. O ministro claramente manipulou o tempo processual a favor de sua posição. O tempo não foi neutro.

A liminar é legal. Resta saber se intervir no *timing* político do processo a favor de sua tese é democrático. Sempre lembrando que, como dizia Carlos Drummond de Andrade, o último dia do ano não é o último dia da vida.

Terceiro, existe uma sintonia entre sua decisão em favor das sessões públicas e sua decisão pessoal, como Presidente que foi do Supremo, de transmitir as sessões da Corte pela TV Justiça.

Quarto, analisadas todas as ações de inconstitucionalidades do Supremo desde sua posse, Marco Aurélio é o que tem o maior número de votos vencidos: 73%. Em seguida, vem Ayres Britto, com 28%.[2] O seu credo jurídico é estaticamente ponto fora da curva.

Finalmente, o CNJ já teve de enfrentar 32 ações diretas de inconstitucionalidade, isto é, tentativas contrárias à sua atividade. Dessas, 20,[3] assim como essa, foram propostas por associações de magistrados.[4]

Isso revela uma estratégia de guerrilha processual permanente contra o CNJ. Até hoje, o Supremo não decidiu em definitivo nenhuma ação contra esse CNJ tal como criado pelo Congresso. Até agora tudo tem ficado em suspenso, em liminares. Assim será outra vez?

Notas

[1.] Em dezembro de 2011 o Ministro Marco Aurélio Mello concedeu uma liminar para a Associação dos Magistrados Brasileiros, que havia entrado com uma ação no Supremo contra a Resolução do CNJ que regulamentava o processo disciplinar contra magistrado.

[2.] Dados fornecidos por relatório parcial do Supremo em Números, realizado por Pablo Cerdeira.

[3.] Esses números correspondem à data da publicação do artigo. Em julho de 2014, havia 42 ações diretas de inconstitucionalidade contra o CNJ, sendo 26 propostas por associações de magistrados.

[4.] A esse respeito, ver FALCÃO, Joaquim et al. "O diálogo entre o CNJ e o Supremo", *Interesse Nacional*, vol. 16, 2012, p. 50-61.

DECISÃO DO SUPREMO REFORÇA NECESSIDADE DE PROSSEGUIR COM INVESTIGAÇÕES ISENTAS*

O progresso faz com que tenhamos sempre que redesenhar as instituições.

A Associação dos Magistrados Brasileiros pretendia que o Supremo Tribunal Federal controlasse a Corregedoria Nacional,[1] que investiga alguns grandes tribunais. O Ministro Marco Aurélio Mello concordou com a AMB,[2] exceto na outra pretensão de controlar também a transparência da Justiça.

Houve então grande reação de juristas, advogados, mídia, opinião pública e políticos do Congresso Nacional contra a pretensão da AMB e a decisão de Marco Aurélio. O Supremo muito discutiu, ouviu essa reação e decidiu contra ambos: AMB e Marco Aurélio.[3]

As posições conflitantes foram bem expostas pelos novos ministros. Luiz Fux pretendeu apoiar os tribunais dizendo que a Constituição defende a autonomia das corregedorias locais. Já a Ministra Rosa Weber, em seu primeiro e firme voto, foi clara. O progresso faz com que tenhamos sempre que redesenhar as instituições. E a criação do CNJ em 2004 redesenhou a autonomia dos tribunais de 1988. O Brasil mudou. A federação mudou. A autonomia de 1988 é calcada muito mais num conceito de autonomia federativa do passado que do presente.

Houve ainda derradeira tentativa de manter certo controle do CNJ, colocando uma exigência que não existe na Constituição: a

---

* Publicado no jornal *Folha de S.Paulo* em 3 de fevereiro de 2012.

Corregedoria Nacional somente poderia investigar se fundamentasse sua disposição de investigar.

Aparentemente, não seria um controle. Nada demais. Mas, tecnicamente, abriria uma imensa porta para recursos ao Supremo. Permitiria que toda investigação da Corregedoria fosse parada, antes mesmo de começar. Essa tentativa foi também rejeitada.

Sai reforçada a decisão inicial do Ministro Cezar Peluso de anos atrás, a favor da constitucionalidade do CNJ.

Trata-se de ir em frente com as investigações com isenção e imparcialidade. Ouvir todos. Julgar, absolver e punir se for o caso. Aqui convergem os interesses da imensa maioria dos magistrados com os do país.

Notas

1. Nessa época a corregedora nacional de Justiça era a Ministra Eliana Calmon, do STJ.

2. Quando deferiu a liminar na ADI nº 4.638, que julgava a constitucionalidade da resolução do CNJ, que tratava do processo disciplinar contra o magistrado.

3. Assim que iniciou o ano judiciário de 2012, a ação proposta pela AMB foi analisada pelo plenário do Supremo e a liminar concedida pelo Ministro Marco Aurélio foi cassada e substituída pela decisão do colegiado.

TRANSPARÊNCIA DOS PODERES É NECESSIDADE DA DEMOCRACIA*

Na democracia, a transparência serve para permitir o controle político e social do poder. Não é agressão a nenhum poder. É dever de todos.

A decisão do Supremo, por unanimidade, de publicar salários e benefícios de seus ministros, servidores e aposentados individualmente tem duas consequências.

A primeira é o exemplo para todo o Judiciário. É hora de cumprir a lei. A segunda é que o tribunal recusou, na prática, os argumentos do Presidente da Associação dos Magistrados Brasileiros, Nelson Calandra, contra a Lei da Transparência.[1] A lei não fere os direitos constitucionais de magistrados e servidores à privacidade e segurança. O Supremo não precisou julgar a constitucionalidade da lei. Aplicou-a.

O Conselho Nacional de Justiça decidira que os tribunais deveriam revelar informações "pormenorizadas" dos gastos de pessoal.[2] O que os tribunais fizeram até agora? Publicaram tabelas de salários, cargos e funções, mas sem possibilitar ao cidadão saber quem ganhou quanto e quando. Pormenorizaram, porém não individualizaram.

E para que serve a transparência na democracia? Não é para satisfazer curiosidades. É para permitir o controle do poder. Na democracia, controlar não é agressão. É dever. É necessidade. A transparência exigida pelo CNJ não controla. O Supremo disse que a individualização é necessária. Disse fazendo. Fazer é a forma mais eloquente de dizer.

---

* Publicado no jornal *Folha de S.Paulo* em 24 de maio de 2012.

O importante é permitir fácil e imediato acesso ao total de quanto cada juiz ou servidor ganha por mês. Incluindo salários, benefícios, adicionais, atrasados, reposições, anuidades, tudo o mais. Tudo junto. E um a um. Conhecer não ofende.

Existe a probabilidade de alguns servidores e magistrados, sobretudo Desembargadores, estarem ganhando mais do que os Ministros do Supremo. Se isso ocorrer, a transparência pode, no primeiro momento, afetar a confiança dos cidadãos na Justiça. Mas essa confiança virá mais forte se os casos individualizados identificados forem efetivamente controlados.

Cabe ao CNJ regular as informações que os tribunais devem prestar aos cidadãos a partir dos novos parâmetros do Supremo. Não vai ser fácil. Alguns vão dificultar a individualização e a totalização dos ganhos de cada magistrado e servidor a cada mês.

Associações civis já se preparam para maximizar sistemas de buscas nos bancos de dados, que, inevitavelmente, estarão disponíveis e permitem a individualização. Depois da decisão do Supremo de publicar a remuneração dos próprios ministros e funcionários, o sucesso da lei é tarefa da contabilidade democrática.

Notas

[1.] É Desembargador do Tribunal de Justiça de São Paulo desde 2005. Foi eleito Presidente da Associação dos Magistrados Brasileiros para o triênio 2011-2013.

[2.] Essa decisão do CNJ está na Resolução nº 102, publicada em dezembro de 2009, onde constava que essas informações deveriam estar disponíveis na internet, no site do tribunal. As informações que deveriam ser divulgadas estão disponíveis em <www.cnj.jus.br/images/stories/docs_cnj/resolucao/rescnj_102.pdf>. Acesso em 29 abr. 2015.

PARA QUE FOI CRIADO O CONSELHO NACIONAL DE JUSTIÇA?*

Ou o CNJ revê a ideologia da autoparalização de sua função disciplinar, livra-se de seus múltiplos e artificiosos expedientes processuais internos. Ou essa ideologia acaba com o CNJ.

Nos últimos meses, três magistrados chocaram a opinião pública e ofenderam a magistratura.

No Rio, o Juiz João Carlos Corrêa teve seu carro rebocado em blitz da lei seca. Estava sem carteira de motorista, o carro sem placa. Deu voz de prisão por desacato à agente de trânsito Luciana Silva Tamburini, que teria dito que ele era juiz, mas não Deus.

No Maranhão, o Juiz Marcelo Baldochi, chegou atrasado, mandou abrir a porta já fechada do avião da TAM para ele embarcar. Deu voz de prisão a três funcionários por crime contra o consumidor.

Também no Rio, o Juiz Flávio Roberto de Souza usou privadamente o Porshe de Eike Batista[1] sob sua guarda.

Cometer irregularidades não é privilégio de magistrados. Ocorre em qualquer profissão. Com mais de 16 mil juízes. É inevitabilidade estatística.

Mas, estes juízes privatizaram em interesse próprio as prerrogativas públicas da magistratura do estado democrático de direito.

E o CNJ?

Foi criado para disciplinar eventuais abusos éticos e funcionais de magistrados. "Receber e conhecer das reclamações contra membros ou órgãos do Poder Judiciário (…) determinar a remoção, a

---

* Publicado no site *Jota* em 11 de março de 2015.

disponibilidade ou a aposentadoria com subsídios ou proventos proporcionais ao tempo de serviço e aplicar outras sanções administrativas, assegurada ampla defesa", diz a Constituição.

O voto vencedor do Ministro Peluso na ADIN 3.367-1 diz:

> *Entre nós, é coisa notória que os atuais instrumentos orgânicos de controle ético-disciplinar dos juízes, porque praticamente circunscritos às corregedorias, não são de todo eficientes, sobretudo nos graus superiores de jurisdição, como já o admitiram com louvável sinceridade os próprios magistrados.*

Mesmo assim interesses corporativistas de alguns segmentos da magistratura tentam paralisar o pleno exercício da função disciplinar do CNJ.

Tentaram, por exemplo, impor a tese de que o CNJ só age depois das corregedorias locais. A tese foi expressamente derrubada pelo Supremo na famosa ação de inconstitucionalidade 4.638, no período de Eliana Calmon.

Diante da derrota, os interesses da paralização do CNJ inventaram um artifício dentro do próprio CNJ. Apesar da decisão do Supremo, Presidente, a corregedoria e conselheiros só exerceriam a competência disciplinar, na prática, depois das corregedorias locais. O CNJ usaria da discricionariedade administrativa que tem, não para agir imediatamente, mas, ao contrário, para se paralisar.

Os interesses corporativos criaram então a ideologia da autolimitação. Criaram um CNJ de esperas? A ideologia da autolimitação é uma política processual interna, em oposição a uma determinação constitucional expressa.

Felizmente, no episódio do Juiz Flávio Roberto de Souza, a Ministra Nancy Andrighi[2] ouviu a indignação da cidadania e o constrangimento dos bons magistrados. Cumpriu com seu dever. Sensível, deve ter se espantado com a justificativa do próprio juiz: "É absolutamente normal, pois comuniquei em ofício ao Detran que o carro estava à disposição do juízo. Vários juízes fazem isso."

A Ministra Nancy deve ter calculado o dano que a ideologia da autoparalização faria. Sangra a credibilidade e legitimidade do Judiciário por anos.

Recentemente, o Ministro Lewandowski afirmou que a prioridade do CNJ não é fiscalizar e disciplinar a magistratura. Mas estabelecer metas e planejar.

Prioridade é "precedência no tempo ou no lugar; primazia, preferência". Ou seja, primeiro se faz um, depois outro. Ocorre que a Constituição não estabeleceu qualquer prioridade. É obrigação do CNJ cumprir com igual zelo e urgência ambas as funções: disciplinar e planejar. Não é prudente estabelecer prioridades onde a Constituição não as estabelece.

O CNJ foi criado para ser o mais ágil e decisivo defensor da moralidade judicial e dos bons juízes. Ou o CNJ revê a ideologia da autoparalização de sua função disciplinar, livra-se de seus múltiplos e artificiosos expedientes processuais internos ou essa ideologia acaba com o CNJ.

Notas

[1] Eike Batista foi grande empresário brasileiro, posteriormente processado por crimes contra o sistema financeiro e lavagem de dinheiro.

[2] Ministra do STJ desde 1999.

ÍNDICE ONOMÁSTICO

Abramovay, Pedro Vieira 31
Alves, Francisco das Chagas Rodrigues 222
Alves, Henrique 148
Amado, Gilberto 64
Amado, Jorge 64
Amaral, Thiago Bottino do 241
Andrade, Carlos Drummond de 273
Andrighi, Nancy 279, 280
Arantes, Geraldo 201
Araújo, Paulo Cesar de 250
Archer, Renato 50
Arruda, José Roberto 63
Ayoub, Luiz Roberto 90, 91, 222
Baldochi, Marcelo 278
Barbalho, Jader 228, 229, 232
Barbosa, Joaquim 7, 8, 65, 67-71, 84, 86, 99, 124, 133, 139, 143, 149, 178, 182, 184, 234, 243, 254
Barral, Condessa de 251
Barroso, Luís Roberto 24, 25, 100, 145, 211, 234
Batista, Eike 278
Battisti, Cesare 26-28, 92
Bobbio, Norberto 114
Boechat, Ricardo 182, 184
Boiteux, Luciana 247
Bork, Robert 73, 85, 87
Bouças, Leonídio 230, 231
Bourbon, Cristina (duquesa de Palma de Mallorca) 137
Breyer, Stephen G. 79, 100

Britto, Carlos Ayres 7, 25, 36, 63, 64, 99, 125-127, 133, 237, 241, 243, 269-271, 273
Buarque, Cristóvão 50
Caetano, Flavio 178
Calandra, Nelson 276
Calmon, Eliana 135, 142, 275, 279
Campos, Roberto 50, 51, 186
Cantisano, Pedro 125
Capiberibe, Janete 232
Capiberibe, João 232
Cardoso, Adaucto Lúcio 186
Cardoso, Fernando Henrique 25, 86
Cardozo, José Eduardo 198
Carlinhos Cachoeira 248, 249
Carneiro, Luiz Orlando 215, 216
Castilho, Ela Wiecko Volkmer de 247
Castro, Ruy 250
Cavalcanti, José Paulo 50, 172
Cerdeira, Pablo 198, 273
Cerqueira, Marcelo 50
Chada, Daniel M. 143
Chávez, Hugo 37
Coêlho, Marcus Vinicius Furtado 42
Corrêa, João Carlos 278
Costa, Hélio 88, 89
Coutinho, Luciano 50
Cunha, Eduardo 189, 190
Cysne, Rubens Penha 260
D'Ávila, Roberto 69, 71
Daflon, Paulo 124

Dallari, Pedro 255
Dâmocles 252
Dino, Flávio 60
Dipp, Gilson 269, 271
Direito, Carlos Alberto Menezes 96, 163
Disraeli, Benjamin 123
Dívar, Carlos 37
Donadon, Natan 148, 149
Dornelles, Francisco 174
Fachin, Luiz Edson 7, 45, 47, 49
Faoro, Raymundo 67, 68
Farias, Rogério 173
Filho, Fernando de Holanda Barbosa 174
Filho, Roberto Stuckert 121
Fleury, Luiz Antonio 154
Fontainha, Fernando 51
Franco, Itamar 153, 154
Freud, Sigmund 251
Freyre, Gilberto 64
Frischeisen, Luiza105
Fux, Luiz 24-27, 94-96, 133, 171, 196, 222, 224, 230, 231, 234, 243, 256, 274
Gallotti, Octávio 75, 76, 153
Garotinho, Anthony 224
Garrincha 250
Geisel, Ernesto 158
Genoino, José 69, 71, 172, 173
Gracie, Ellen 29, 31, 56, 57, 202, 243, 270, 271
Grau, Eros 22, 24, 123, 224, 231
Gurgacz, Acir Marcos 165, 167
Hartmann, Ivar 65, 143
Herdem, Felipe 24
Jereissati, Tasso 228
João VI, Dom 21

Jobim, Nelson 24, 25, 56, 57, 64, 120, 139, 140, 243, 268, 270, 271
Juan Carlos, rei 135, 137
Jung, Carl 251
Júnior, Expedito 165, 166, 167
Kagan, Elena 22-25, 29
Lewandowski, Ricardo 162-164, 213, 230, 234, 243, 257
Lima, Cássio Cunha 232
Lima, Hermes 186
Lins e Silva, Evandro 186
Lins e Silva, Técio 50
Lobato, Monteiro 94, 96
Luhmann, Niklas 109
Luppi, Carlos 137
Lyra, Fernando 50
Macedo, Edir 241
Maciel, Marco 228
Magalhães, Antonio Carlos 23
Malcher, José Lisboa da Gama 78, 80
Maluf, Paulo 221
Maturana, Humberto 13
Meirelles, Henrique 86
Mello, Celso de 229, 243
Mello, Fernando Collor de 75, 77, 109, 111
Mello, Marco Aurélio 99, 153, 155, 234, 258, 265, 272-275
Mendes, Gilmar 55, 57, 84, 99, 112, 133, 134, 138, 139, 181, 234, 243, 266, 269-271
Michener, Gregory 104
Miranda, Marcelo 232
Molon, Alessandro 171
Moncau, Luiz Fernando 104
Montaigne, Michel de 16, 57

Nascimento, Alfredo 137
Negromonte, Mário 137
Neto, Tourinho 249
Neves, Pimenta 8, 199, 200
Neves, Tancredo 50, 255
Noblat, Ricardo 144
Novais, Pedro 137
Nunes, Victor 186
O'Connors, Sandra 83
Obama, Barack 22-24, 32, 84, 86
Pacheco, Luiz Fernando 69
Palocci, Antonio 137
Pedro I, Dom 251
Pedro II, Dom 251
Peluso, Antonio Cezar 195-200, 227, 228, 243, 267, 269-272, 275, 279
Pertence, Sepúlveda 49, 78, 156, 243
Petraeus, David 179
Piketty, Thomas 209, 210
Quaresma, Regina 158
Reagan, Ronald 85
Ribeiro, Fernando 228, 229
Ribeiro, Fernando Flexa 228, 229
Roberto Carlos 250
Rocha, Cármen Lúcia 63, 133, 147, 211, 243, 253
Rocha, Cesar Asfor 24, 25
Rodrigues, Anadyr 112
Rodrigues, Nelson 251
Roriz, Joaquim 223, 224, 227-231
Rorty, Richard 12, 16
Rosa, Wilma Guimarães 250
Rossi, Wagner 137
Rousseff, Dilma 8, 24-26, 31, 38, 47, 62, 130, 135, 137, 138, 168, 171, 196, 198, 255
Sadek, Maria Tereza 89
Santos, Marquesa de 251
Scalia, Justice Antonin 86
Seixas, Sigmaringa 24, 25
Serra, José 24, 25, 96, 130
Silva, Luiz Inácio Lula da 25, 55, 67, 68, 70, 86, 138, 139, 223, 228
Silva, Orlando 137
Slhessarenko, Serys 172
Sotomayor, Sonia 32
Souter, David 84
Souto, Cláudio 110, 131
Souto, Solange 131
Souza, Flávio Roberto de 278, 279
Tamburini, Luciana Silva 278
Temer, Michel 198
Thompson, Marcelo 238
Toffoli, Dias 124, 234
Torres, Demóstenes 166, 167
Torres, Diego 137
Tourre, Fabrice 179
Urdangarín, Iñaki 137
Vargas, Getulio 166, 187
Velasco, Rafael 104
Velloso, Carlos Mário 78, 112, 113, 243
Virgílio, Arthur 228
Weber, Rosa 31, 32, 133, 147, 211, 243, 274
Werneck, Diego 31, 185
Wulff, Christian 137
Zavascki, Teori 211, 233, 234, 253

BIBLIOGRAFIA SUGERIDA

ABRAMOVAY, Pedro. *A separação de poderes e as medidas provisórias em um estado democrático de direito*. Dissertação de mestrado, Faculdade de Direito, Brasília, UnB, 2010.

ARANTES, Rogério. *Judiciário e política no Brasil*. São Paulo: Sumaré/Educ, 1ª ed., 1997.

BALEEIRO, Aliomar. *O Supremo Tribunal Federal, esse outro desconhecido*. Rio de Janeiro: Forense, 1968.

BARROSO, Luís Roberto. *Direito constitucional e a efetividade de suas normas*. Rio de Janeiro: Renovar, 9ª ed., 2009.

COSTA, Emilia Viotti da. *O Supremo Tribunal Federal e a construção da Cidadania*. São Paulo: Unesp, 2ª ed., 2006.

CUNHA, Luciana Gross; RAMOS, Luciana de Oliveira; OLIVEIRA, Fabiana Luci de. *Relatório ICJ Brasil*. Disponível em <direitosp.fgv.br/publicacoes/icj-brasil>. Acesso em 14 de mai. 2015.

FALCÃO, Joaquim (org). *Mensalão: diário de um Julgamento: Supremo, mídia e opinião pública*. Rio de Janeiro: Elsevier, 2013.

FALCÃO, Joaquim; ABRAMOVAY, Pedro; LEAL, Fernando; HARTMANN, Ivar A. *II Relatório Supremo em Números: o Supremo e a Federação*. Rio de Janeiro: FGV, 2013.

FALCÃO, Joaquim; ABRAMOVAY, Pedro; LEAL, Fernando; HARTMANN, Ivar A. *II Relatório Supremo em Números: o Supremo e a Federação entre 2010 e 2012*. Rio de Janeiro: FGV, 2014.

FALCÃO, Joaquim; CERDEIRA, Pablo de Camargo; ARGUELHES, Diego Werneck. *I Relatório Supremo em Números: o múltiplo Supremo*. Rio de Janeiro: FGV, 2011.

FALCÃO, Joaquim; HARTMANN, Ivar A.; CHAVES, Vitor P. *III Relatório Supremo em Número: o Supremo e o Tempo*. Rio de Janeiro: FGV, 2014.

FALCÃO, Joaquim. HARTMANN, Ivar A. "Acesso ao Supremo: quando os recursos são parte do problema", *Diálogos sobre Justiça*, v. 1, 2013, p. 38-48.

GINSBURG, Tom. *Guarding the Guardians: Judicial Councils and Judicial Independence*. Chicago: University of Chicago, 2008.

HARTMANN, Ivar A. M. SOUZA, Renato Rocha. "O discurso do Supremo no Mensalão - análise quantitativa dos votos orais no julgamento da AP 470", *Revista de Estudos Criminais*. v. 55, 2014.

LEWANDOWSKI, Ricardo e NALINI, José Renato. *Conselho Nacional de Justiça e sua atuação como órgão do Poder Judiciário*. São Paulo: Quartier Latin, 2015.

MENDES, Conrado Hubner. *Direitos Fundamentais, separação de Poderes e deliberação*. São Paulo: Saraiva, 2011.

PEREIRA, Merval. *Mensalão: o dia a dia do mais importante julgamento da história política do Brasil*. Rio de Janeiro: Record, 2013.

RODRIGUES, Leda Boechat. *História do Supremo Tribunal Federal*. Rio de Janeiro: Civilização brasileira, 1991.

SADEK, M. T. "Fabiana Luci de Oliveira - Justiça, profissionalismo e política: o STF e o controle da constitucionalidade das leis no Brasil". *Revista Brasileira de Ciência Política*, vol. 9, 2012, p. 257-259.

SADEK, M. T.; BENETI, S. A.; FALCAO, J.; COLLACO, R. *Magistrados: uma imagem em movimento*: Rio de Janeiro: FGV, 2006.

SADEK, M.T. "Controle Externo do Poder Judiciário", in SADEK, M.T. (org.). *Reforma do Judiciário*. São Paulo: Fundação Konrad Adenauer, vol. 1, 2002.

SWEET, Alec Stone. *Governing with Judges: Constitutional Politics in Europe*. Oxford: Oxford University, 2000.

TOOBIN, Jeffrey. *The Nine: inside the secret world of the Supreme Court*. Nova York: Anchor, 2008.

VILHENA, Oscar. *O Supremo Tribunal Federal: jurisprudência política*. São Paulo: Revista dos Tribunais, 1994.

Este livro foi editado na Cidade de São Sebastião do Rio de Janeiro
e publicado pela Edições de Janeiro no outono de 2015.
O texto foi composto com a tipografia Interstate e impresso em
papel Pólen Soft 70g/m² nas oficinas da gráfica RR Donnelley.